꽃분이 매듭공방의 두 번째 이야기

스타일을 더하는
매듭 팔찌

꽃분이 매듭공방의 두 번째 이야기

스타일을 더하는 매듭 팔찌

지은이 조영미
펴낸이 정규도
펴낸곳 황금시간

초판 1쇄 발행 2015년 8월 4일
초판 2쇄 발행 2015년 12월 18일

편집 신소연 권명희
디자인 김보형
사진 김하영
모델 오아름
일러스트 렐리시

황금시간
Golden Time

주소 경기도 파주시 문발로 211
전화 (02)736-2031(내선 362~364)
팩스 (02)732-2036

출판등록 제406-2007-00002호
공급처 (주)다락원
구입문의 전화: (02)736-2031(내선 250~252)
            팩스: (02)732-2037

값 13,000원
ISBN 978-89-92533-77-5 13590

http://www.darakwon.co.kr
• 다락원 홈페이지를 통해 주문하시면 자세한 정보와 함께 다양한 혜택을 받으실 수 있습니다.
• 기타 문의사항은 황금시간 편집부로 연락 주십시오.

꽃분이 매듭공방의 두 번째 이야기

스타일을 더하는
매듭 팔찌

조영미 지음

첫 책인 〈예쁜 매듭 팔찌&소품 만들기〉를 출간하던 작년 이맘때가 기억납니다. 우연히 매듭 팔찌의 매력에 빠져 지난 10여 년 동안 수많은 매듭 팔찌를 만들고 또 수업을 해왔지만, 책을 내는 일은 또 다른 도전이어서 긴장도 많이 했지요. 다행히도 첫 책에 보내 주신 독자들의 격려와 성원 덕분에, 그 어느 때보다 행복한 1년을 보낼 수 있었습니다. 이제 감사하는 마음을 담아, '꽃분이 매듭공방' 두 번째 이야기를 시작하려고 합니다.

이 책에는 〈예쁜 매듭 팔찌&소품 만들기〉보다 조금 더 다양한 패턴의 팔찌를 담았습니다. 오랫동안 팔찌를 만들어 오면서, 매듭법을 배우고 익히는 것도 중요하지만 매듭 팔찌를 통해 나만의 느낌과 스타일을 표현하는 것이 더 뿌듯하고 보람 있다는 사실을 알게 되었거든요. 그래서 이 책을 통해 한 가지 매듭법으로도 다양한 모양의 팔찌를 만들고 응용할 수 있다는 사실을 구체적으로 보여주고자 노력했습니다.

이 책은 기본 매듭 팔찌, 응용 매듭 팔찌, 전통 매듭 팔찌, 초실 매듭 팔찌의 4가지 테마로 36가지 스타일의 매듭 팔찌를 소개하고 있습니다. 같은 매듭법으로 매듭의 순서, 횟수를 달리하여 색다른 모양의 팔찌를 완성하는 재미를 느껴 보세요. 이 책에서 자세히 소개한 12가지 매듭법을 모두 익히면 원하는 어떤 스타일의 매듭 팔찌라도 척척 만들 수 있게 될 거예요.

안티-스트레스라든가 힐링이란 '내가 좋아하는 일에 몰두하는 순간'이 주는 선물일지도 모르겠습니다. 제가 매일 매듭 팔찌를 만들며 힐링하거든요. 여러분도 저와 함께 매듭 팔찌를 만들며, 매일 매일 힐링하셨으면 좋겠습니다.

조영미

목 차

PART3 ● 전통 매듭 팔찌

PART4 ● 초실 매듭 팔찌

PART1

기본 매듭 팔찌

비교적 간단하고
쉽게 만들 수 있는
매듭 팔찌를 소개합니다.

3줄땋기 소원팔찌

십자수실을 써서 3줄땋기 매듭법으로
만든 얇은 팔찌입니다. 고리에 끼우지
않고 끝을 묶어서 착용하는 팔찌로, 끊
어질 때까지 차고 있으면 소원이 이루
어진다고 해서 소원팔찌라고도 합니다.

만드는 법 *66P*

4줄엮기 소원팔찌

십자수실을 써서 4줄엮기 매듭법
으로 만든 소원팔찌예요. 알록달
록 다양한 색으로 엮으면 캐주얼
한 느낌의 팔찌를 만들 수 있어요.

만드는 법 *67P*

11

4줄엮기 팔찌

일반적인 면실을 사용해 4줄엮기 소원팔찌보다
살짝 두껍게 만들어 좀 더 발랄한 느낌이 나는 팔찌예요.
만드는 법 *68P*

좌우엮기로 만든 심플한 팔찌

기본 좌우엮기로 만든 심플한 팔찌입니다.

만드는 법 *70P*

15

평매듭&평돌기 팔찌

기본 매듭법인 평매듭과 평돌기를
섞어 만든 팔찌예요. 팔찌 하나로 두
가지 매듭법을 익힐 수 있어요.

만드는 법 *73P*

이니셜 팔찌

앞에서 익힌 평매듭&평돌기 팔찌에
이니셜볼을 넣어 의미 있는 팔찌를
만들어보세요.

만드는 법 *76P*

말아엮기 기본 팔찌

말아엮기로 만든
물결무늬 패턴의 팔찌예요.
만드는 법 77P

레이스엮기 기본 팔찌

레이스엮기를 좌우 두 번씩 반복해서
만드는 팔찌입니다.

만드는 법 *81P*

이중 평돌기로 만든
캐주얼한 팔찌

기본 평돌기 팔찌보다 나선 모양
이 더욱 도드라지는 팔찌입니다.
굵은 줄을 꼰 듯 사선 모양이 재미
있는 팔찌예요.

만드는 법 *83P*

21

**대칭 말아엮기로 만든
귀여운 팔찌**

말아엮기를 기본으로 만든
대칭 패턴의 팔찌입니다.

만드는 법 *85P*

에스닉패턴 소원팔찌

소원을 담아 만든
독특한 패턴의 팔찌입니다.

만드는 법 *89p*

팔자매듭 팔찌

촘촘한 매듭으로 만든
귀여운 팔자 모양의
팔찌입니다.

만드는 법 93P

PART2

응용 매듭 팔찌

PART1에서 익힌 매듭법을
기본으로 더욱 다양한
매듭 팔찌를 만들어 봅시다.

평돌기&평매듭의 도톰한 팔찌

앞서 소개한 평돌기&평매듭 팔찌보다
더 도톰하게 만든 팔찌예요.

만드는 법 *98P*

실크사와 노끈을 이용한 팔찌

노끈과 실크사로 평매듭의
독특한 팔찌를 만듭니다.

만드는 법 *102P*

2단 평매듭 팔찌
평매듭의 방향과 순서를
달리해 새로운 느낌으로
만든 팔찌예요.

만드는 법 *104P*

30

4단 평매듭 팔찌

평매듭의 방향과 순서를 바꾸면
전혀 다른 패턴을 만들 수 있어요.
응용할 수 있는 방법이 많아 다양
한 느낌으로 연출도 가능해요.

만드는 법 *107p*

곡선 평매듭 팔찌

평매듭을 응용하여 파도 모양으로
스타일한 팔찌예요.

만드는 법 *109P*

교차 평매듭 팔찌

평매듭 팔찌 2개를 연결한 모양으로 만든 팔찌입니다. 기본적인 평매듭 기법과 연결하는 방법을 배울 수 있어요.

만드는 법 *111P*

레이어드 느낌의 좌우엮기 매듭 팔찌

좌우엮기를 6가닥으로 레이어드한 팔찌입
니다. 화려하게 연출하고 싶을 때 좋은 패션
아이템이에요.

만드는 법 113P

4단 레이스엮기 팔찌

앞부분에서 익힌 레이스엮기를
응용해 4단으로 만든 팔찌입니다.
만드는 법 *115P*

말아엮기로 만든 도톰한 팔찌 1
실의 개수를 늘려서 곡선이
더 도드라지게 만든 팔찌입니다.
만드는 법 *118P*

38

말아엮기로 만든
도톰한 팔찌 2

말아엮기를 응용해
조금 더 도톰하게 만든
팔찌입니다.

만드는 법 *120P*

대칭 말아엮기로 만든 도톰한 팔찌

앞부분에서 배운 대칭 말아엮기와 같은
방법으로 더 두껍게 전혀 다른 스타일로
연출한 팔찌입니다.

만드는 법 *121P*

평매듭 패턴 팔찌

평매듭에 패턴을 더하여
도톰한 팔찌를 만듭니다.

만드는 법 *122p*

칠보매듭 응용 팔찌

칠보매듭을 응용하여 만든
촘촘한 팔찌입니다.

만드는 법 *125P*

평돌기&평매듭 응용 팔찌

앞부분에서 배운 평돌기&평매듭을
응용해 만든 물결 패턴 팔찌입니다.

만드는 법 *128P*

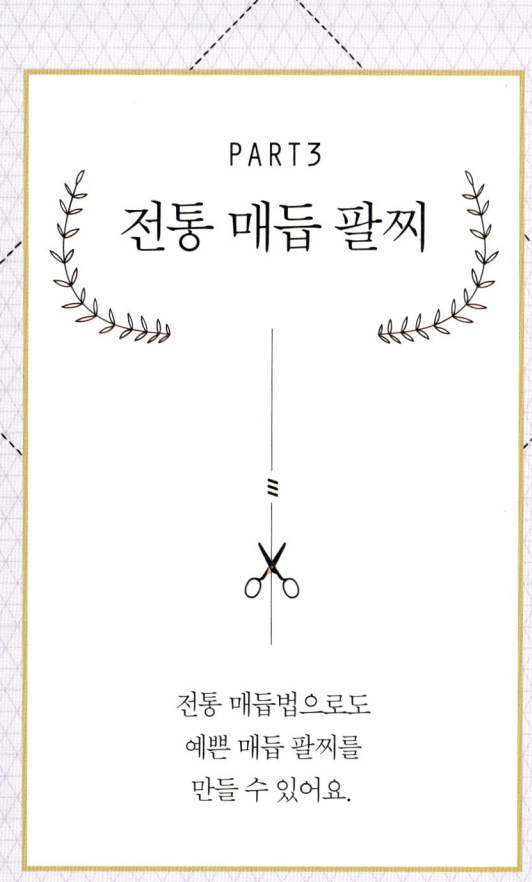

PART3

전통 매듭 팔찌

전통 매듭법으로도
예쁜 매듭 팔찌를
만들 수 있어요.

합장매듭 팔찌

합장매듭은 전통 매듭의 기본적
인 매듭법으로, 두 개의 줄만으로
도 예쁜 팔찌를 만들 수 있어요.

만드는 법 *130P*

도래매듭 길이조절 팔찌

도래매듭은 동글동글 볼 형태가
귀여운 팔찌입니다.

만드는 법 *131p*

PART4

초실 매듭 팔찌

몸에 닿으면 시원한
'초실'을 써서 색다른
매듭 팔찌를 만들어 봅시다.

평돌기 길이조절 팔찌
초실을 가지고 평돌기를 이용하여 만든
길이조절 팔찌입니다.
만드는 법 *133p*

한매듭 길이조절 팔찌

한매듭만으로 만든
심플하고 아기자기한
길이조절 팔찌입니다.

만드는 법 *135P*

실버 장식 길이조절 팔찌
실버 장식을 이용해 세련
된 느낌을 더한 길이조절
팔찌입니다.

만드는 법 *136P*

옥석 포인트 길이조절 팔찌

옥석, 나무볼, 실버볼 등의 다양
한 재료를 사용해 독특한 느낌
을 주는 레이어드 팔찌입니다.

만드는 법 *137P*

레이어드 팔찌

얇은 초실의 느낌을 살려 만든
에스닉풍의 팔찌입니다.

만드는 법 *138P*

오링 포인트 팔찌

동그란 모양이 눈길을 끄는
길이조절 팔찌입니다.

만드는 법 *140P*

평매듭 길이조절 팔찌
고리 장식 원석 팔찌

원석을 촘촘히 넣어 만든 길이
조절 팔찌입니다. 길이를 조절
할 수 있는 팔찌가 아닌 고리에
끼워서 착용하는 방식으로도
만들 수 있어요.

만드는 법 *142, 144P*

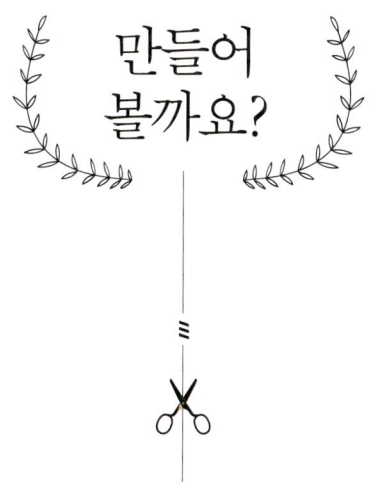

만들어
볼까요?

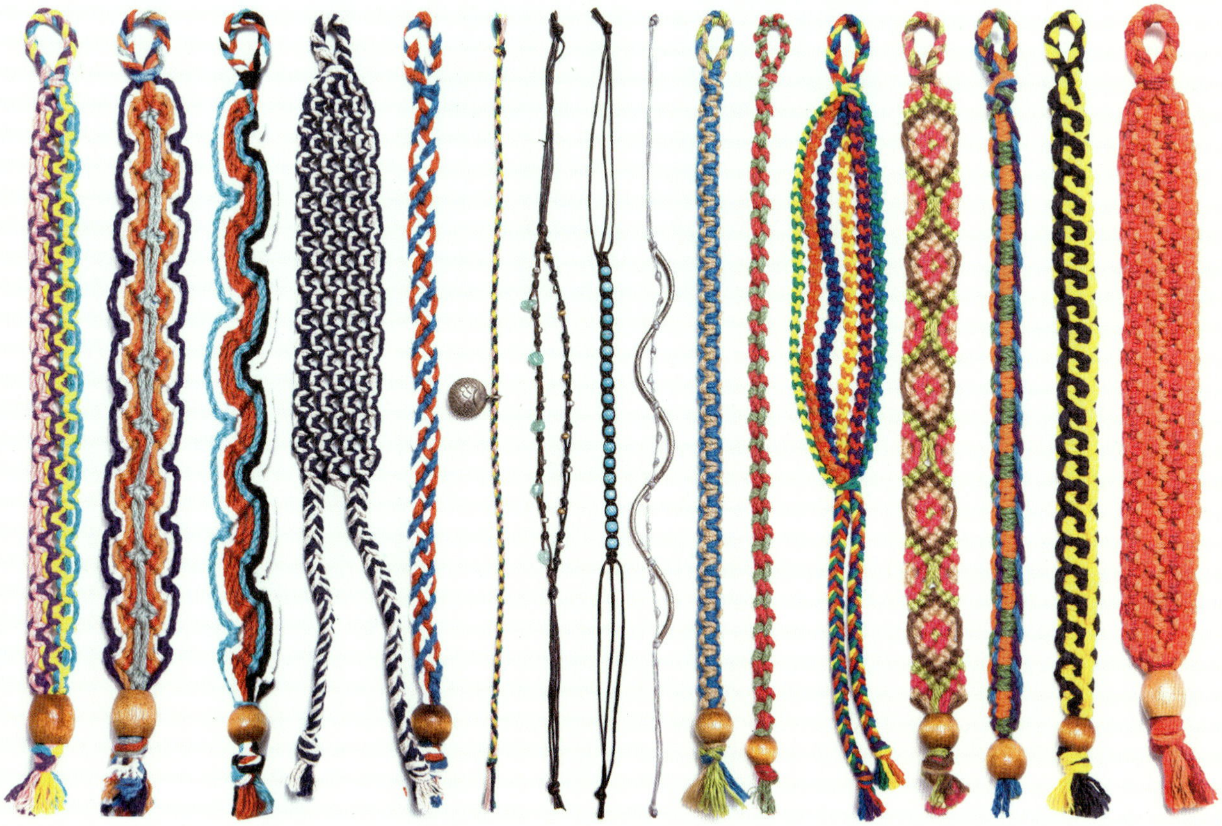

3줄땋기 소원팔찌

실 **십자수실** 40cm×3줄
(그라데이션)

자개단추 1개

모델컷 *10P*

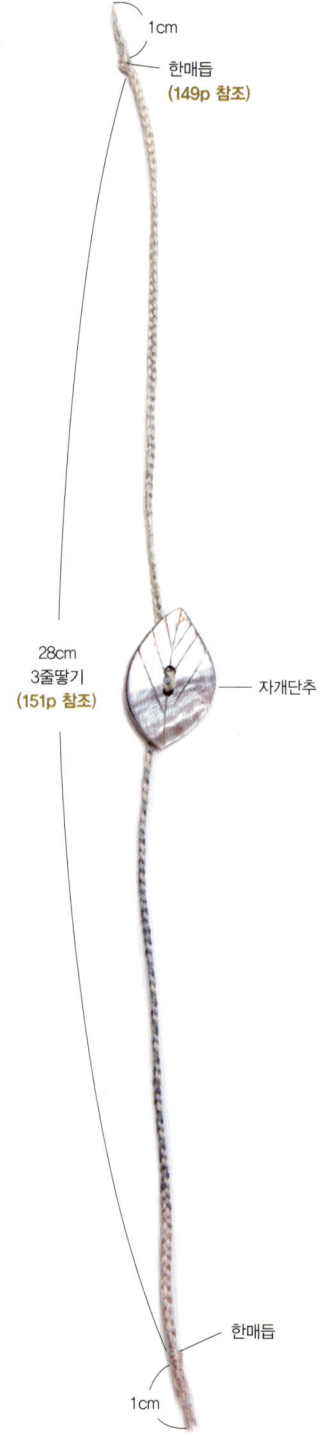

1cm

한매듭
(149p 참조)

28cm
3줄땋기
(151p 참조)

자개단추

한매듭

1cm

사이즈 손목 둘레 약 15cm

만드는 법

1. 3줄의 실을 나란히 놓고 1cm 정도 떨어진 지점에서 한매듭을 한다.
2. 3줄땋기를 28cm 정도 하고 자개단추를 넣는다.
3. 다시 1cm 정도 여분을 남기고 한매듭으로 마무리한다.

4줄엮기 소원팔찌

실 **십자수실** 40cm×4줄
(연분홍색, 노란색, 초록색, 남색)

은장식 1개

모델컷 *11P*

사이즈 손목 둘레 약 15cm

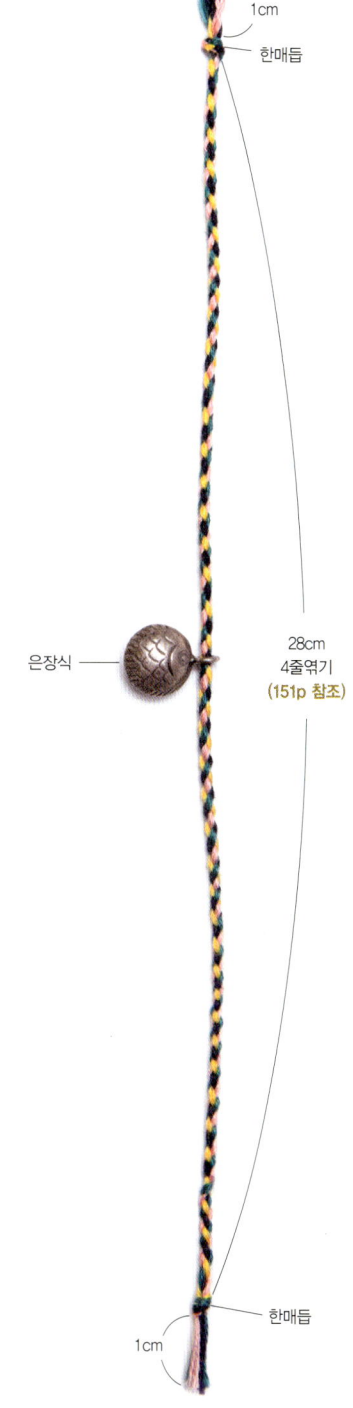

1cm
한매듭

은장식

28cm
4줄엮기
(151p 참조)

한매듭
1cm

만드는 법

1. 4줄의 실을 나란히 놓고 1cm 정도 떨어진 지점에서 한매듭을 한다.
2. 4줄엮기를 28cm 정도 하고 은장식을 넣는다.
3. 다시 1cm 정도 여분을 남기고 한매듭으로 마무리한다.

4줄엮기 팔찌

매듭실 3줄의 한쪽 끝을 맞추고 중간 지점을 집게나 테이프로 고정한 뒤 **4cm** 정도 **3줄땋기**(151p 참조)를 한다.

3줄땋기 한 부분을 반으로 접어서 **한매듭**으로 묶으면 **고리가 완성**된다.

실　**매듭실 A** 면 소재, 150cm×3줄
　　(흰색, 다홍색, 빈티지블루)

나무볼 10mm 1개

모델컷 *13P*

4cm
3줄땋기
(151p 참조)　　2cm

반으로 접어
한매듭
(149p 참조)

16cm
4줄엮기
(151p 참조)

나무볼 끼우기

6줄로
한매듭　　1cm

사이즈 손목 둘레 약 15cm

집게나 테이프로 고리를 고정한 뒤
a(1줄), **b**(2줄), **c**(2줄), **d**(1줄) 순서로
배치한다.

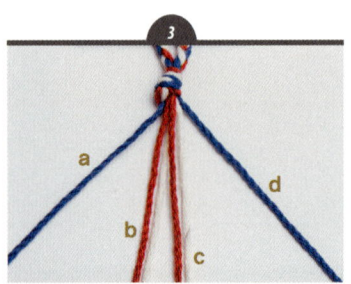

b를 **c**의 **위**에 놓는다.

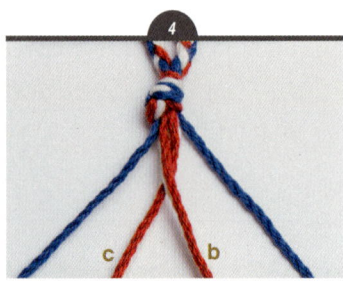

d를 **b**의 **위**에 놓는다.

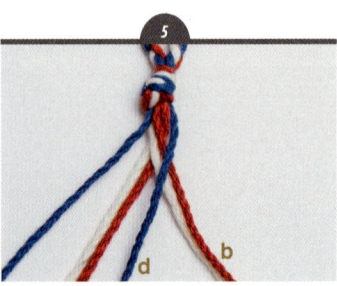

a를 **c**의 **아래**로 통과시켜
d의 **위**에 놓는다.

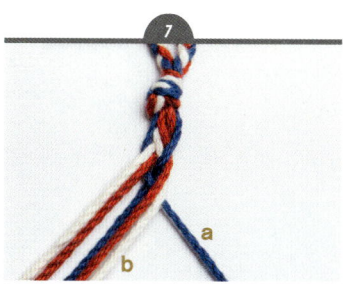

b를 a의 위에 놓는다.

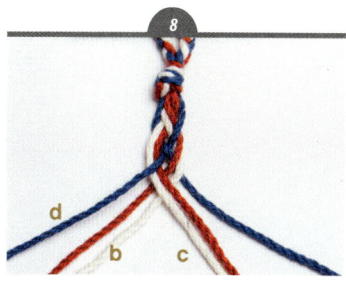

c를 d의 아래로 통과시키고
b의 위에 놓는다.

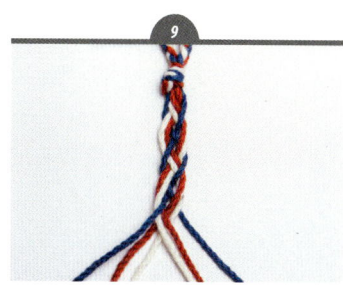

손목둘레에 맞을 때까지
과정4~과정8을 반복한다.

적당한 길이가 되면 8cm 정도
실을 남기고 자른다.

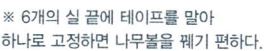

6개의 실에 나무볼을 넣는다.

※ 6개의 실 끝에 테이프를 말아
하나로 고정하면 나무볼을 꿰기 편하다.

한매듭으로 묶은 뒤 실을
1cm 정도 남기고 자른다.

완성.

좌우엮기로 만든 심플한 팔찌

실 **매듭실 A** 면 소재, 150cm×2줄
(빈티지그린, 와인)

나무볼 10mm 1개

모델컷 *14P*

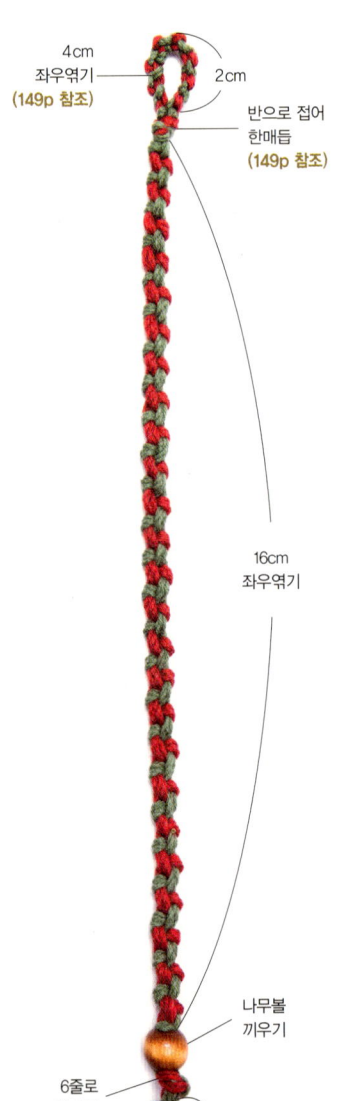

4cm
좌우엮기
(149p 참조)
2cm
반으로 접어
한매듭
(149p 참조)

16cm
좌우엮기

나무볼
끼우기

6줄로
한매듭
1cm

사이즈 손목 둘레 약 15cm

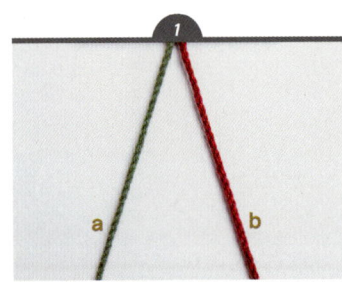

매듭실 2줄의 중간 지점을 집게나
테이프로 고정한다.
a, b 순서로 배치한다.

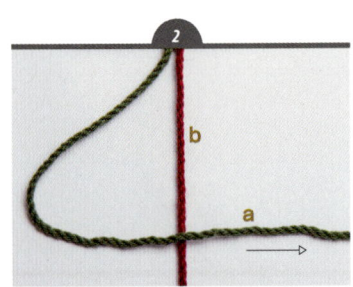

a(엮는 실)를 **b**(중심 실) **위**로 올린다.

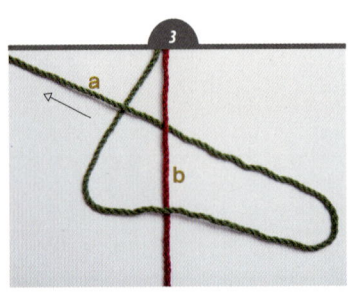

a를 **b**에 한바퀴 감아서 **위**로 빼낸다.

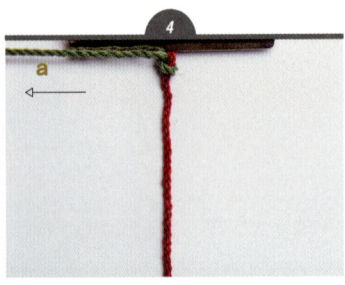

a를 잡아당기면서 **위쪽**으로 올린다.

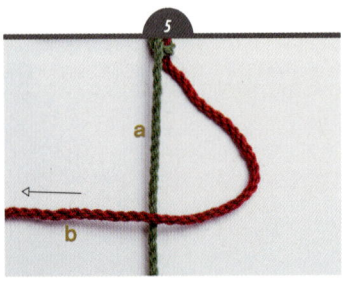

b(엮는 실)를 **a**(중심 실) **위**로 올린다.

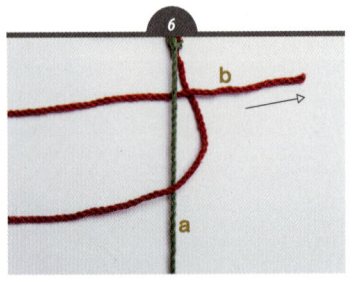

b를 **a**에 감아서 **위**로 빼낸다.

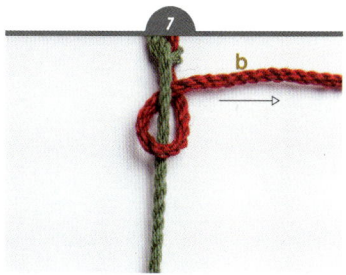

b를 잡아당겨서 조인다.

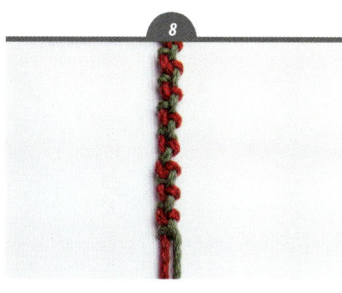

과정2~과정7을 반복해서 **4cm** 정도 만든다.

※ 과정2~과정7까지
좌우엮기(149p 참조) 1세트.

4cm 좌우엮기 한 부분을 **반으로** 접는다.

한매듭으로 묶어 **고리**를 완성한다.

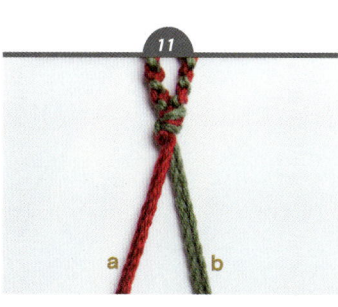

고리부분을 집게나 테이프로 고정하고 **a**와 **b**를 **순서**대로 배치한다.

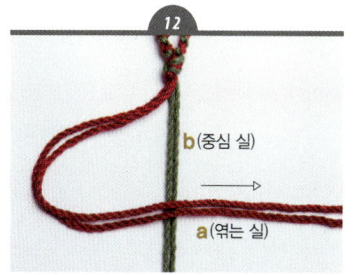

a(엮는 실)를 **b**(중심 실) **위**로 올린다.

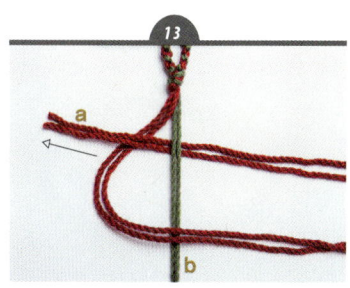

a를 **b**에 한 바퀴 감아서 **위**로 빼낸다.

a를 잡아당긴다.

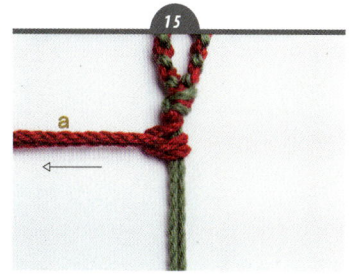

a를 끝까지 꽉 잡아당겨서 **조인다**.

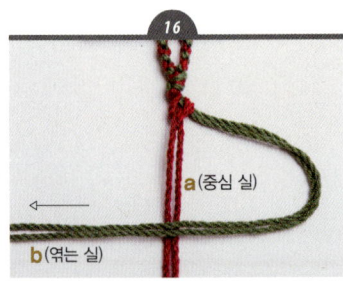

b(엮는 실)를 a(중심 실) **위**로 올린다.

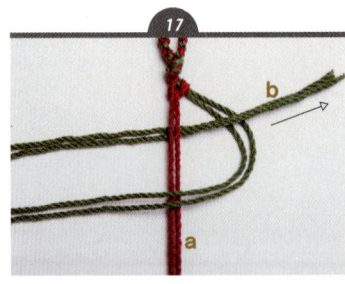

b를 a에 한 바퀴 감아서 **위**로 빼낸다.

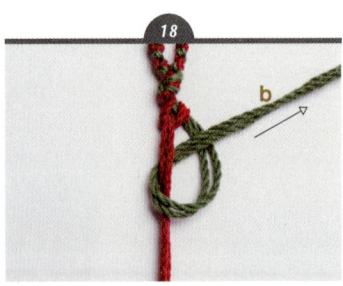

b를 잡아당긴다.

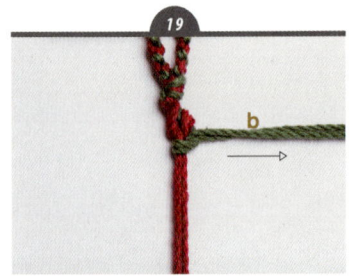

b를 끝까지 꽉 잡아당겨서 조인다.

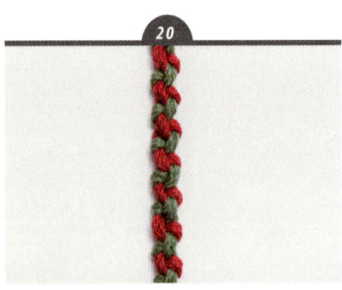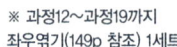

손목둘레에 맞을 때까지
과정12~과정19를 반복한다.

※ 과정12~과정19까지
좌우엮기(149p 참조) 1세트.

적당한 길이가 **완성**되면 실 끝을
8cm 정도 남기고 자른다.

4개의 실 끝에 테이프를 붙이고
나무볼을 넣는다.

나무볼이 빠지지 않도록 한매듭으로
묶은 뒤 실을 **1cm** 정도 남기고 자른다.

완성.

평매듭&평돌기
팔찌

실 **매듭실 A** 면 소재, 150cm×2줄
(베이지색, 파란색)
매듭실 B 면 소재, 65cm×1줄
(연두색)

나무볼 10mm 1개

모델컷 *17P*

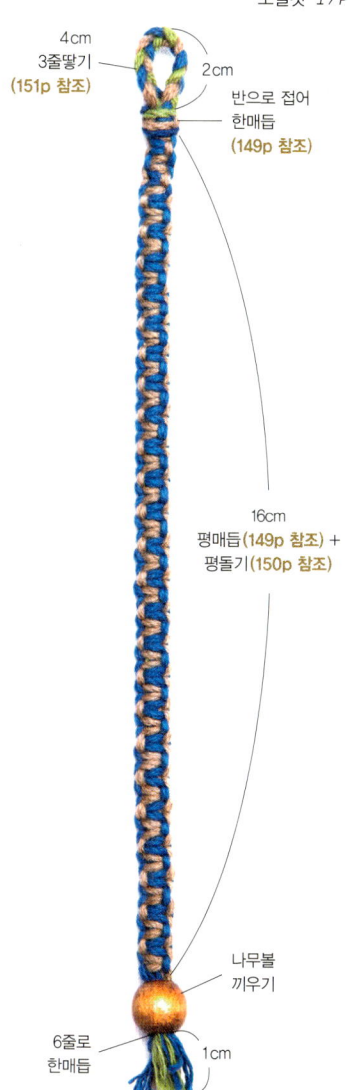

4cm
3줄땋기
(151p 참조)

2cm
반으로 접어
한매듭
(149p 참조)

16cm
평매듭(149p 참조) +
평돌기(150p 참조)

나무볼
끼우기

6줄로
한매듭

1cm

사이즈 손목 둘레 약 15cm

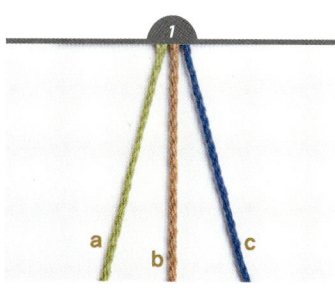

매듭실 3줄의 한쪽 끝을 맞추고
30cm 떨어진 지점을
테이프나 집게로 고정한 뒤
a, **b**, **c**의 순서로 **배열**한다.

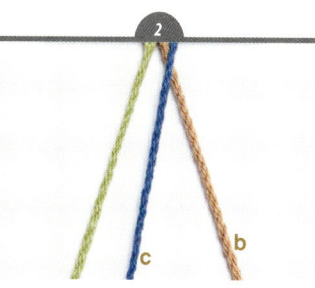

c를 **b 위**로 올린다.

a를 **c 위**로 올린다.

과정2~과정3의 순서대로 실을
반복하여 교차시켜,
4cm 정도 **3줄땋기**를 한다.

3줄땋기 한 부분을 **반**으로 접는다.

한매듭으로 묶으면 **고리**가 **완성**된다.

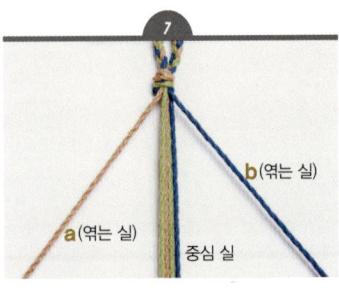

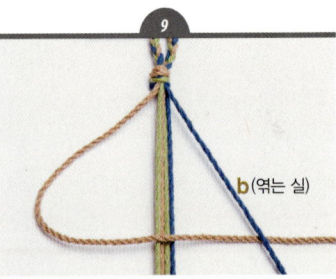

고리를 집게나 테이프로 고정한 뒤,
긴 실 a(엮는 실), **b**(엮는 실)를
1줄씩 양쪽으로 배치하고 중앙에는
짧은 실(중심 실) **4개**를 놓는다.

a(엮는 실)를 중심 실 **위**로 놓는다.

b(엮는 실)를 **a 위**에 놓는다.

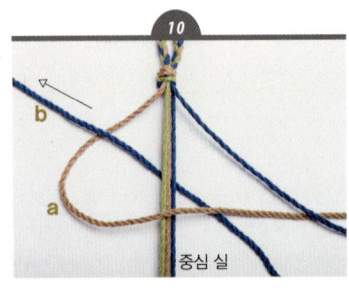

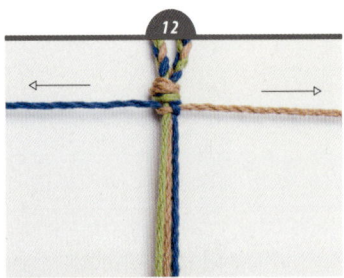

b를 **a**의 위로 다시 중심 실 **아래**로
통과시켜 **a**의 고리 **위**로 빼낸다.

b와 **a**를 양쪽으로 당긴다.

위쪽에 자리 잡도록 적당히 당긴다.

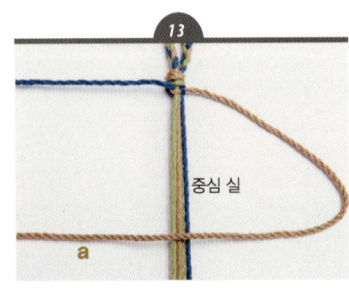

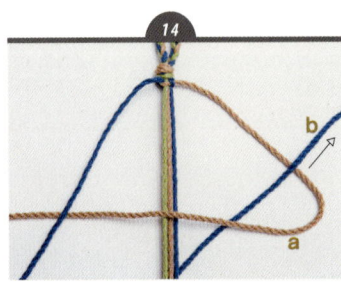

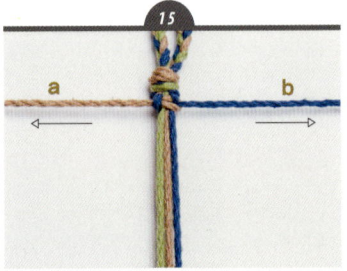

오른쪽으로 옮겨진 **a**를
중심 실 위로 놓는다.

b를 **a 위**에 놓고, 다시 중심 실 **아래**로
통과시켜 **a**의 고리 **위**로 빼낸다.

a와 **b**를 양쪽으로 당긴다.

※ 과정8~과정15까지
왼쪽 평매듭(149p 참조) 1세트.

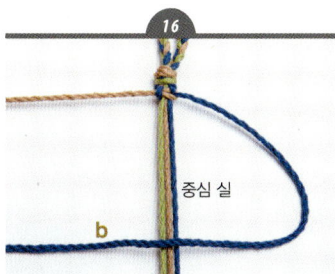

b를 중심 실의 **위**로 놓는다.

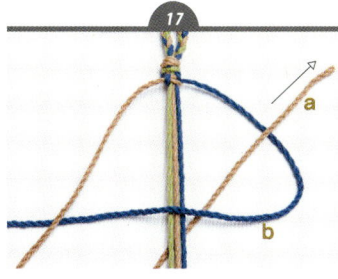

a를 **b** **위**에 놓고, 다시 중심 실 **아래**로 통과시켜 **b**의 고리 **위**로 빼낸다.

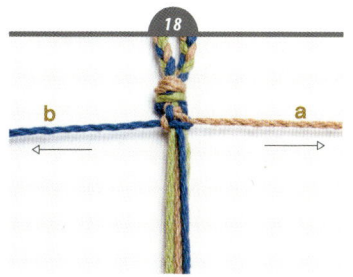

b와 **a**를 양쪽으로 당긴다.

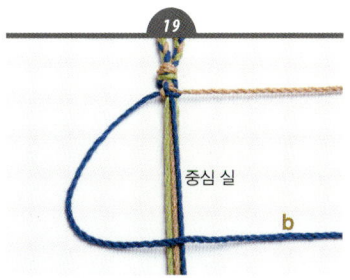

b를 중심 실 **위**로 올린다.

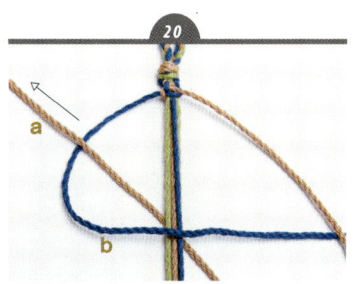

a를 **b** **위**에 놓고, 중심 실 **아래**로 통과시켜 **b**의 고리 **위**로 빼낸다.

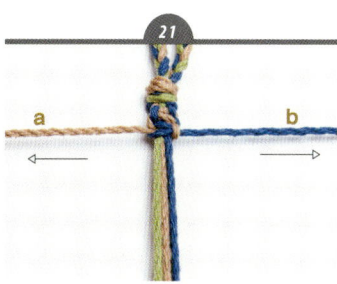

a와 **b**를 양쪽으로 잡아당긴다.

※ 과정16~과정21까지
오른쪽 평매듭(149p 참조) 1세트.

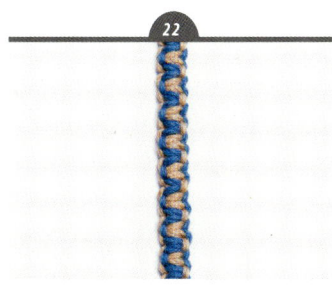

손목 둘레에 맞을 때까지
과정8~과정21을 반복한다.

※ 과정8~과정21까지 왼쪽·오른쪽 평매듭을
1세트씩 만들면 오른쪽 평돌기 1세트(150p 참조)가
자연스럽게 완성된다.

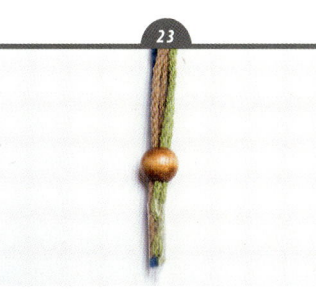

적당한 길이가 되면 중심 실 길이에 맞춰
2개의 **엮는 실**을 잘라준다. 6개의 줄 끝을
나무볼에 꿰기 쉽도록 테이프를 붙이고,
나무볼을 끼운다.

나무볼이 빠지지 않도록 한매듭으로 묶은
뒤 실을 **1cm** 정도 남기고 **자르면 완성**.

이니셜 팔찌

실　　**매듭실 A** 면 소재, 150cm×2줄
　　　　(베이지색, 감색)
　　　　매듭실 B 면 소재, 65cm×1줄
　　　　(연두색)

나무볼　　10mm 1개
이니셜볼　　5개

작품컷 *17P*

4cm
3줄땋기
(151p 참조)

2cm

반으로 접어
한매듭
(149p 참조)

16cm
평매듭**(149p 참조)** +
평돌기**(150p 참조)**

나무볼
끼우기

6줄로
한매듭

1cm

사이즈 손목 둘레 약 15cm

※ **평매듭&평돌기의 응용**으로, 팔찌의 매듭을 지어나가다가
중간쯤 6개의 실에 이니셜볼을 끼운 뒤 계속해서 매듭을 지어 완성한다.

말아엮기 기본 팔찌

실 **매듭실 A** 면 소재, 150cm×2줄
(어두운 갈색, 흰색)

나무볼 10mm 1개

모델컷 *19P*

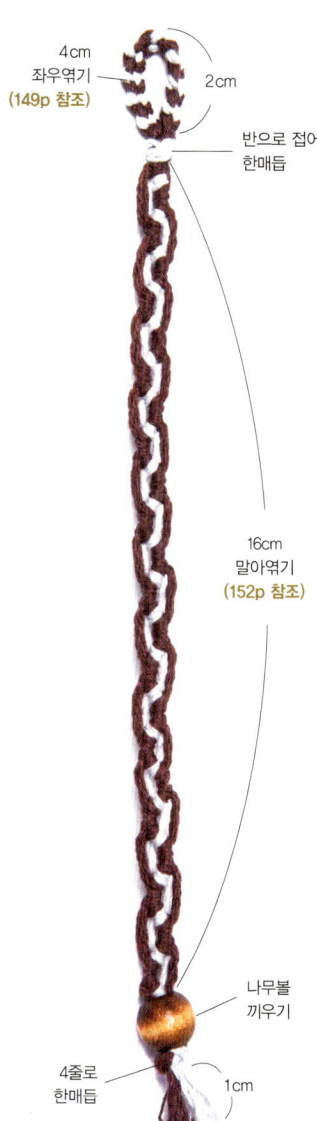

4cm
좌우엮기
(149p 참조)

2cm

반으로 접어
한매듭

16cm
말아엮기
(152p 참조)

나무볼
끼우기

4줄로
한매듭

1cm

사이즈 손목 둘레 약 15cm

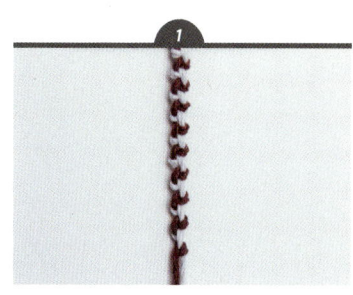

매듭실 **2줄**의 중간 지점을 집게나
테이프로 고정하고
4cm 좌우엮기를 한다.

※ 좌우엮기 70쪽 과정1~과정8까지 참조.

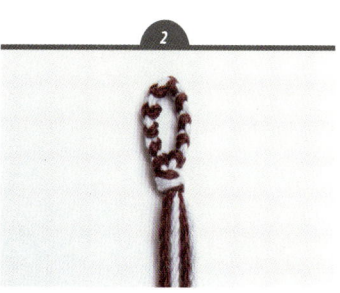

4cm 좌우엮기 한 부분을 반으로 접고
한매듭으로 묶어 고리를 **완성**한다.

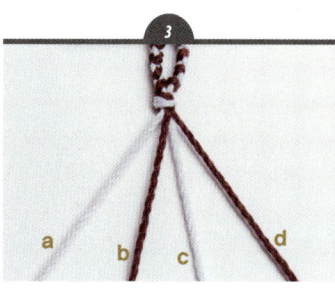

집게나 테이프로 고리를 고정한 뒤
a, b, c, d 순서로 배치한다.

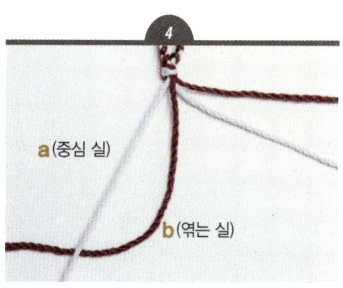

a(중심 실)

b(엮는 실)

b(엮는 실)를 **a**(중심 실)의 **아래**로 놓는다.

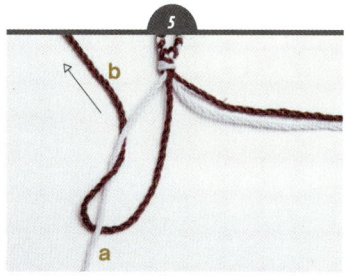

b를 **a**에 한 바퀴 말아 **아래**로 빼낸다.

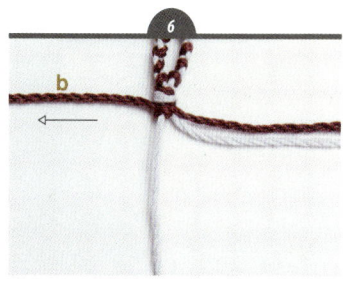

b를 **왼쪽**으로 잡아당긴다.

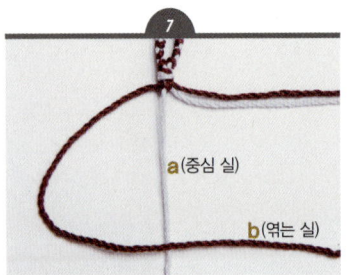

이번에는 **b**(엮는 실)를
a(중심 실)의 **위**에 올린다.

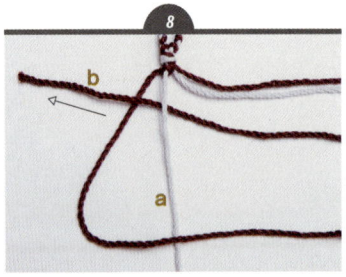

b를 **a**의 위에 놓고, 다시 **아래**로 통과시켜
b의 고리 **위**로 빼낸다.

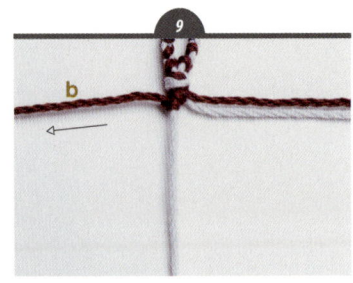

b를 **왼쪽**으로 잡아당긴다.

※ 과정4~과정9까지
오른쪽 말아엮기(152p 참조) 1세트.

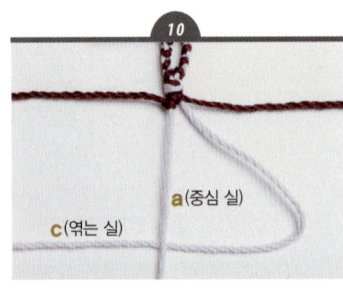

c(엮는 실)를 **a**(중심 실)의 **아래**로 놓는다.

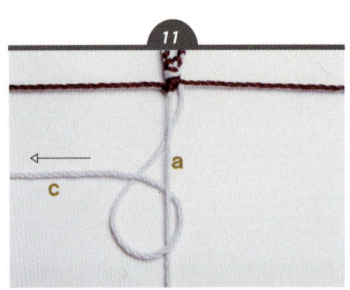

c를 **a 위쪽**으로 한 바퀴 말아서
아래로 빼낸다.

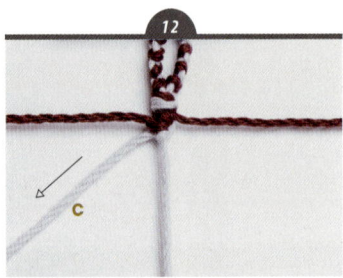

c를 **왼쪽**으로 잡아당긴다.

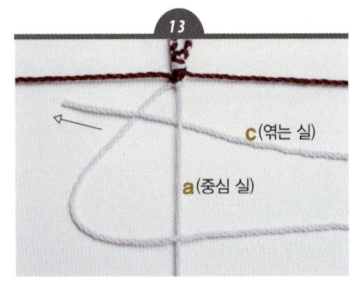

c(엮는 실)를 **a**(중심 실) **위**로 놓고
다시 **아래**로 통과시켜
c의 고리 **위**로 빼낸다.

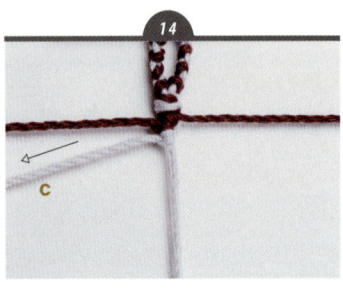

c를 **왼쪽**으로 바짝 당긴다.

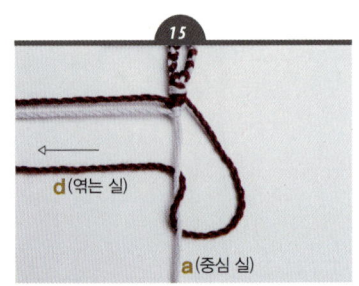

d(엮는 실)를 **a**(중심 실)의
아래에서 **위쪽**으로 한 바퀴 말아서
아래로 빼낸다.

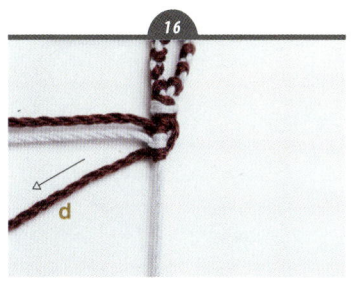

d를 **왼쪽**으로 잡아당긴다.

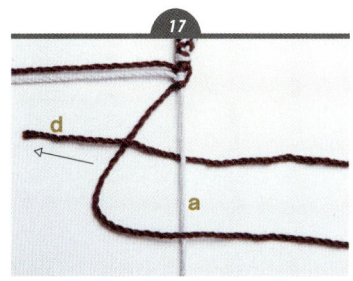

d(엮는 실)를 a(중심 실)의 **위**로 놓고
다시 **아래**로 통과시켜
d의 고리 **위**로 빼낸다.

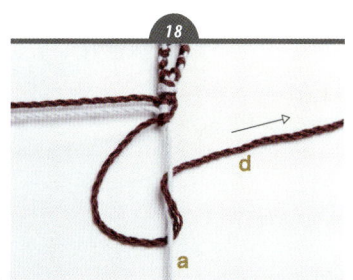

다시 d(엮는 실)를 a(중심 실)의
아래에서 **위쪽**으로 한 바퀴 말아서
아래로 빼낸다.

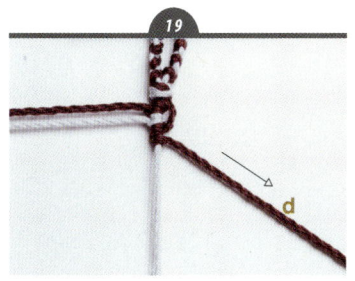

d를 **오른쪽**으로 잡아당긴다.

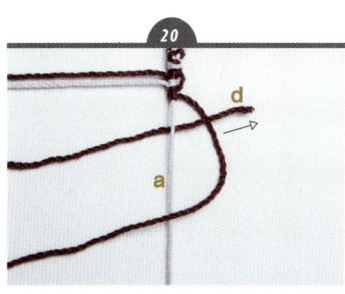

d(엮는 실)를 a(중심 실)의 **위**로 놓고
다시 **아래**로 통과시켜
d의 고리 **위**로 빼낸다.

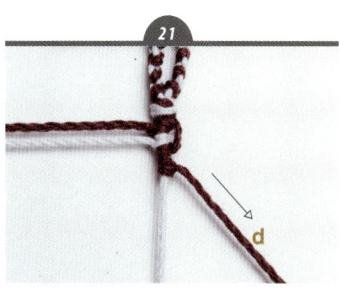

d를 **오른쪽**으로 바짝 당긴다.

※ 과정17~과정21까지
왼쪽 말아엮기(152p 참조) 1세트.

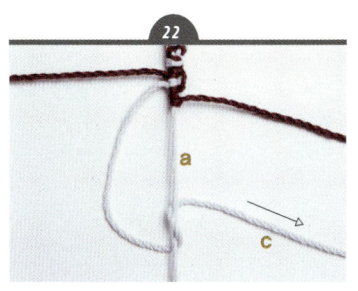

c(엮는 실)를 a(중심 실)의
아래에서 **위쪽**으로 한 바퀴 말아서
아래로 빼낸다.

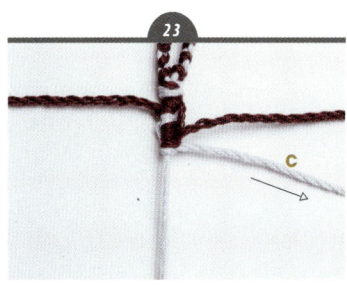

c를 **오른쪽**으로 당긴다.

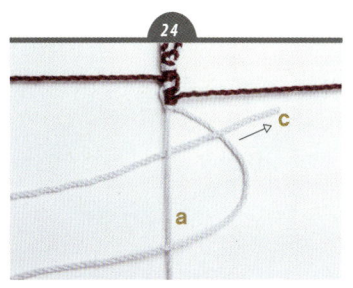

c(엮는 실)를 a(중심 실)의 **위**로 놓고
다시 **아래**로 통과시켜
c의 고리 **위**로 빼낸다.

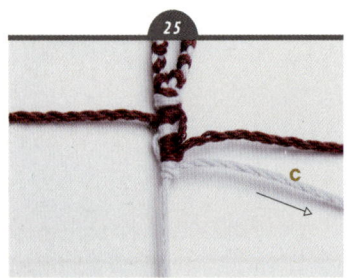

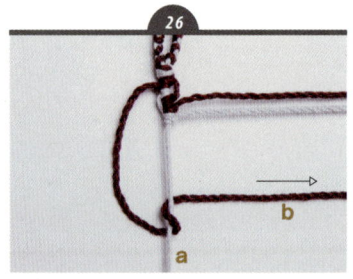

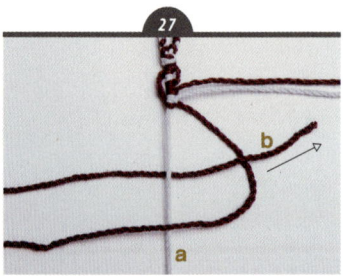

c를 오른쪽으로 바짝 당긴다.

b(엮는 실)를 a(중심 실)의
아래에서 위쪽으로 한 바퀴 말아서
아래로 빼낸다.

그리고 b를 오른쪽으로 당긴다.

다시 b(엮는 실)를 a(중심 실)의 위로 놓고
다시 아래로 통과시켜
b의 고리 위로 빼낸다.

그리고 b를 오른쪽으로 바짝 당긴다.

손목둘레에 맞을 때까지
과정4~과정27을 반복하고,
적당히 완성되면
실 끝을 8cm 정도 남기고 자른다.

4개의 실 끝에 테이프를 붙이고
나무볼을 넣는다.

나무볼이 빠지지 않도록
한매듭으로 묶은 뒤
실을 1cm 정도 남기고 자른다.

완성.

레이스엮기
기본 팔찌

실 **매듭실 A** 면 소재, 170cm×2줄
(민트색, 초록색)
매듭실 B 면 소재, 65cm×1줄
(자주색)

나무볼 10mm 1개

모델컷 *20P*

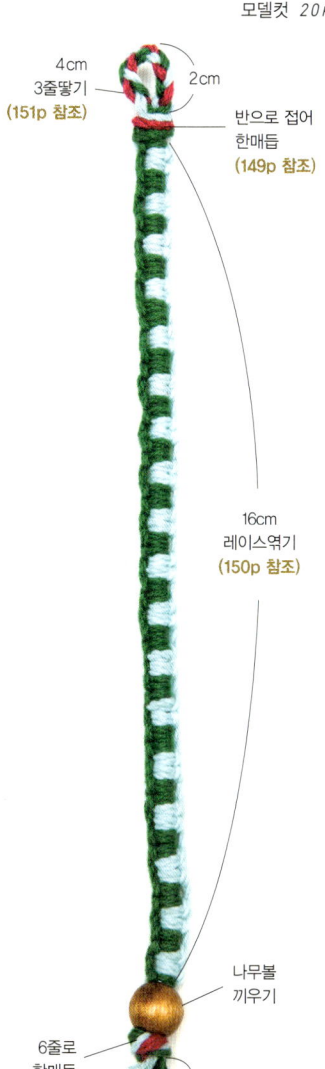

4cm
3줄땋기
(151p 참조)

2cm

반으로 접어
한매듭
(149p 참조)

16cm
레이스엮기
(150p 참조)

나무볼
끼우기

6줄로
한매듭

1cm

사이즈 손목 둘레 약 15cm

매듭실 3줄의 한쪽 끝을 맞추고
30cm 떨어진 지점을 고정한 뒤
4cm 정도 **3줄땋기**를 한다.

3줄땋기 한 부분을 반으로 접고
한매듭으로 묶으면 **고리가 완성**된다.

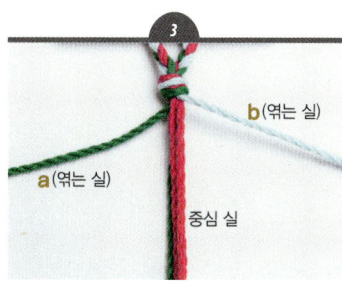

b(엮는 실)

a(엮는 실)

중심 실

고리를 고정하고 가운데는
짧은 줄 4개(중심 실)를 배치한다.
양쪽으로는 **긴 실 a**(엮는 실),
b(엮는 실)를 배치한다.

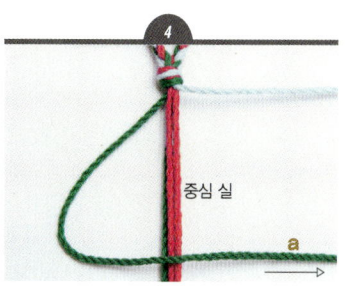

중심 실

a

a를 중심 실 **위**에 올린다.

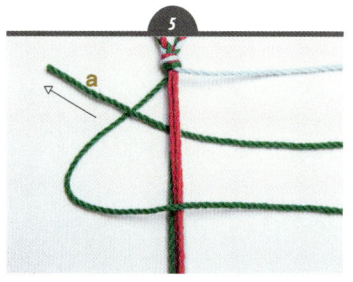

a

다시 **a**를 중심 실 **아래**로 통과시키고
a의 고리 **위**로 빼낸다.

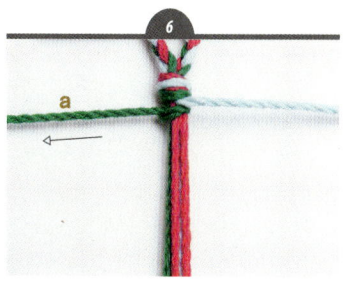

a

a를 당긴다.

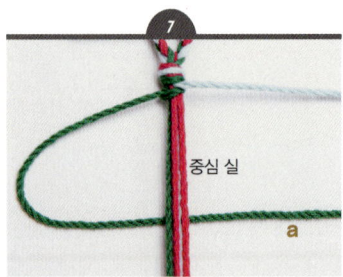

a를 중심 실 **아래** 놓는다.

다시 **a**를 중심 실 **위**로 통과시키고
a의 고리 **아래**로 빼낸다.

a를 당긴다.

과정4~과정9를 한 번 더 **반복**한다.

※ 과정4~과정10:
왼쪽 레이스엮기(150p 참조) 2세트.

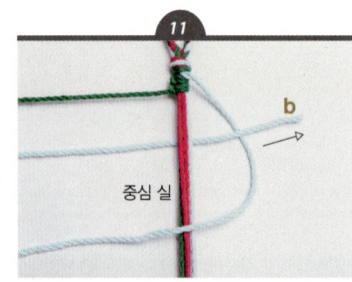

b를 중심 실 **위**에 놓고,
다시 **아래**로 통과시켜
b의 고리 **위**로 빼낸다.

그리고 **b**를 당긴다.

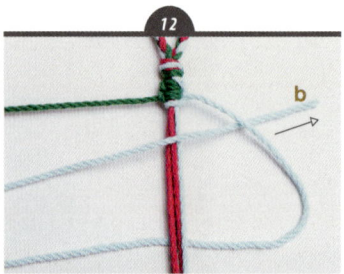

다시 **b**를 중심 실 **아래**에 놓고,
다시 **위**로 통과시켜
b의 고리 **아래**로 빼낸다.

그리고 **b**를 당긴다.

과정11~과정12를 한 번 더 **반복**한다.

※ 과정11~과정13:
오른쪽 레이스엮기(150p 참조) 2세트.

손목둘레에 맞을 때까지 **과정4~과정13**을
반복한 후 짧은 줄에 맞춰 긴 줄을 자르고
끝 부분에 나무볼을 넣는다.

한매듭으로 묶고 실을 자르면 **완성**된다.

이중 평돌기로 만든 캐주얼한 팔찌

실　**매듭실 A** 면 소재, 150cm×2줄
（노란색, 초록색）

　　　매듭실 B 면 소재, 65cm×1줄
（회색）

나무볼 10mm 1개

모델컷 *21P*

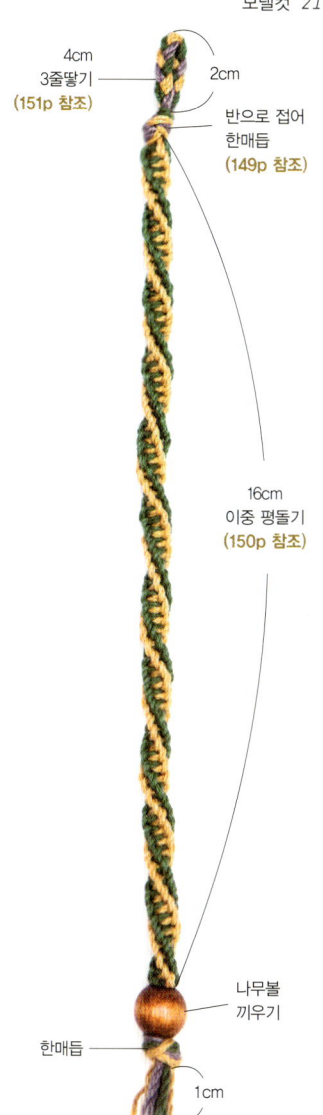

4cm
3줄땋기 2cm
（151p 참조）

반으로 접어
한매듭
（149p 참조）

16cm
이중 평돌기
（150p 참조）

나무볼
끼우기

한매듭

1cm

사이즈 손목 둘레 약 15cm

매듭실 3줄의 중간 지점을
집게나 테이프로 고정시키고
4cm정도 **3줄땋기**를 한다.

3줄땋기 한 부분을 **반으로** 접어서
한매듭으로 묶으면 고리가 **완성**된다.

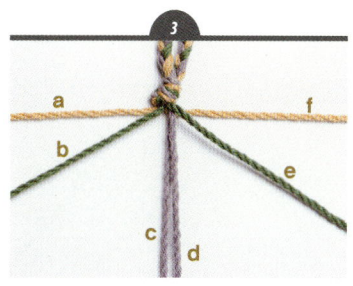

집게나 테이프로 고리를 고정한 뒤
a, b, c, d, e, f 순서로 배치하는데
중심 실이 되는 **매듭실 B**는
c, d의 위치에 놓는다.

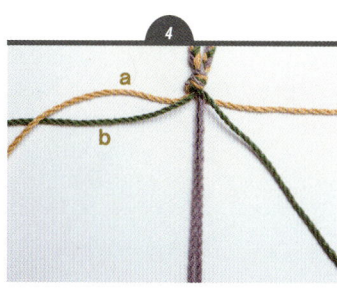

a를 **b 위**에 놓는다.

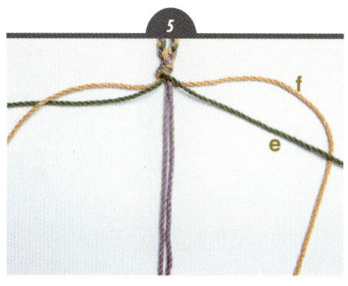

f를 **e 아래**에 놓는다.

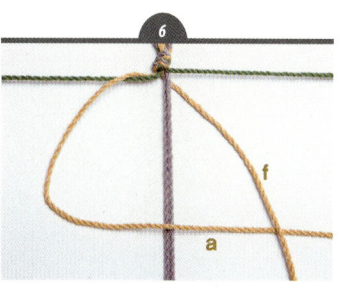

a를 중심 실 **위**로 올리고,
f를 **a 위**에 올린다.

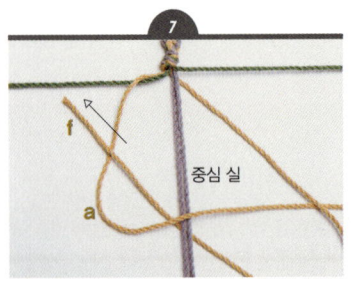

f를 중심 실 **아래**로 통과시키고
a 위로 빼낸다.

f와 a를 양쪽으로 잡아당긴다.

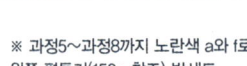
※ 과정5~과정8까지 노란색 a와 f로
왼쪽 평돌기(150p 참조) 반세트.

b를 **f**의 **아래**에 놓고,
e를 **a**의 **위**에 놓는다.

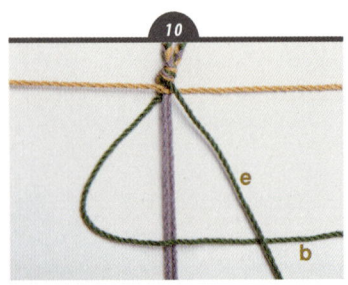

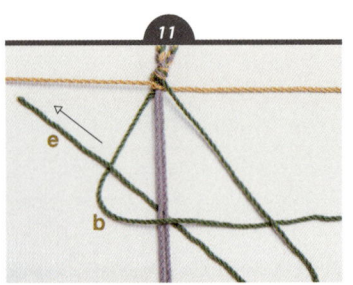

b를 중심 실 **위**로 올리고,
e를 **b 위**에 올린다.

e를 중심 실 **아래**로 통과시키고
b의 고리 **위**로 빼낸다.

e와 **b**를 양쪽으로 잡아당긴다.

※ 과정9~과정12까지 초록색 b와 e로
왼쪽 평돌기(150p 참조) 반세트.

※ 과정5~과정12까지 왼쪽 평돌기 1세트.

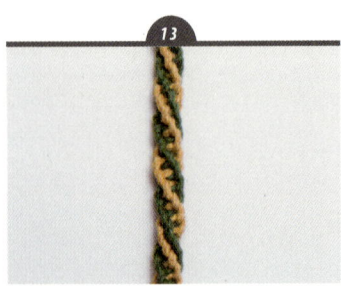

손목둘레에 맞는 길이가 될 때까지
과정4~과정12를 **반복**한다.

적당한 길이가 **완성**되면 **8cm** 정도 남겨두
고 자른 후, **6개의 줄**을 나무볼에 모두 넣어
한매듭으로 묶고 실을 적당히 남기고 자른다.

완성.

대칭 말아엮기로
만든 귀여운 팔찌

실　**매듭실 A** 면 소재, 150cm×3줄
　　　　(흰색, 카키색, 자주색)
　　　　매듭실 B 면 소재, 65cm×1줄
　　　　(밤색)

나무볼 10mm 1개

모델컷 *22P*

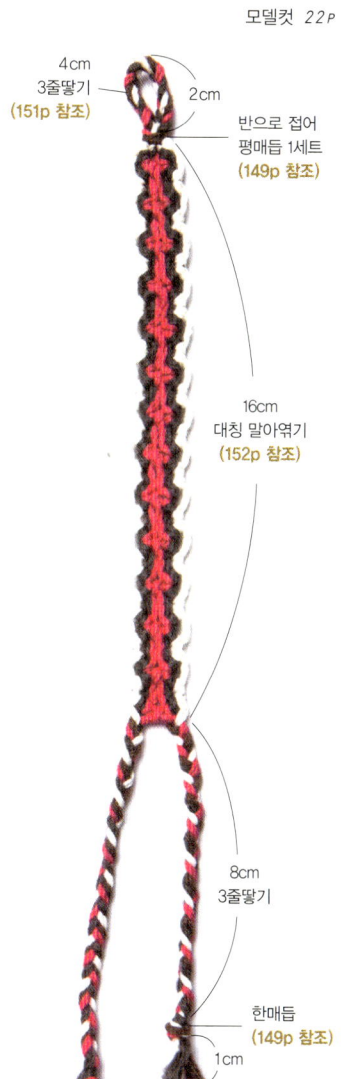

4cm
3줄땋기
(151p 참조)

2cm

반으로 접어
평매듭 1세트
(149p 참조)

16cm
대칭 말아엮기
(152p 참조)

8cm
3줄땋기

한매듭
(149p 참조)

1cm

사이즈 손목 둘레 약 15cm

매듭실 4줄의 중간 지점을 고정한 뒤
4cm 정도 **3줄땋기**를 한다.

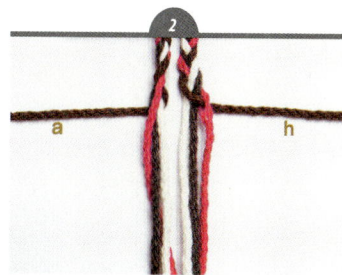

매듭실 B(a, h)를 양쪽으로 배치한다.

a를 중심 실 **위**로 올리고
h를 **a** 위에 놓는다.

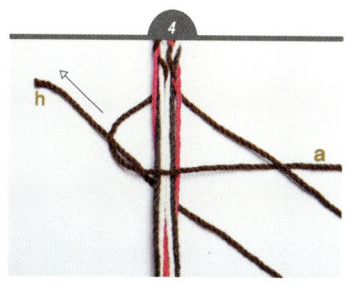

h를 중심 실 **아래**로 통과시키고
a의 고리 **위**로 빼낸다.

h, a를 양쪽으로 당긴다.

오른쪽으로 옮겨진 **a**를
중심 실 **위**로 올리고 **h**를 **a** 위에 놓는다.

h를 중심 실 **아래로** 통과시키고
a의 고리 **위로** 빼낸다.

a, **h**를 양쪽으로 당긴다.
고리를 고정할 **매듭**이 **완성**되었다.

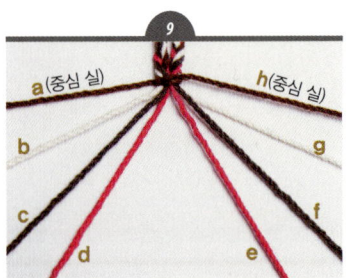

이제 **a**, **b**, **c**, **d** / **e**, **f**, **g**, **h**의 순서로
실을 배치한다.
좌측은 **a**를 중심 실로
우측은 **h**를 중심 실로 매듭짓는다.

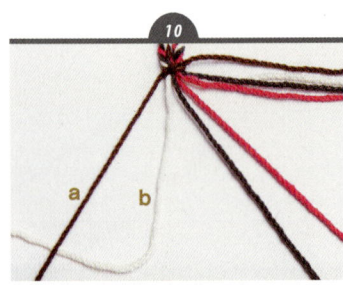

a, **b**, **c**, **d**를 먼저 **말아엮기**를 하는데, **a**
를 중심 실로 **b**, **c**, **d**를 엮는 실로 각각 1번
씩 말아엮기를 한다. 우선 **b**를 **a**의 **아래로**
놓는다.

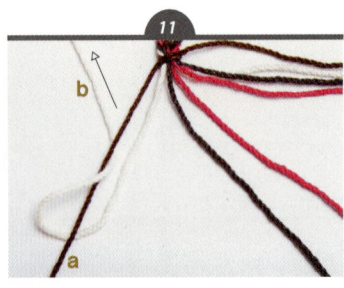

b를 **a**의 **위쪽**에서 **아래쪽**으로
한 바퀴 감아 빼낸다.

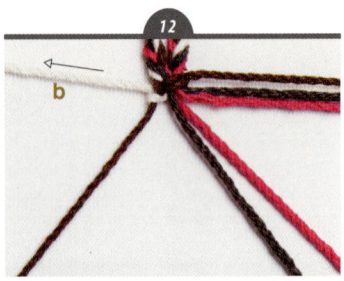

b를 당긴다.

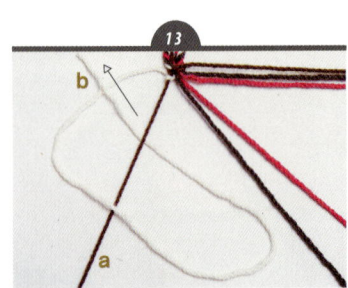

b를 **a**의 **위에** 아래로 감아서
b의 고리 **위로** 빼낸다.

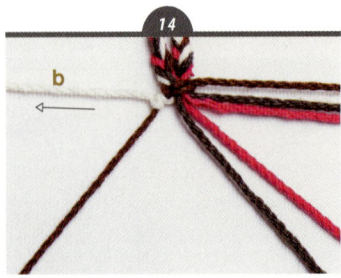

b를 당긴다.

※ 과정11〜과정12까지
오른쪽 말아엮기(152p 참조) 1세트.

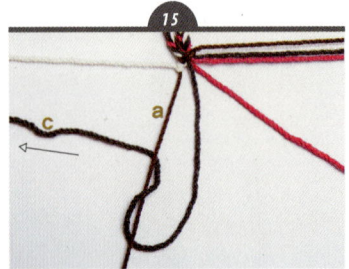

c를 **a**의 **아래**에서 **위쪽**으로
한 바퀴 감아서 **왼쪽**으로 빼내고 당긴다.

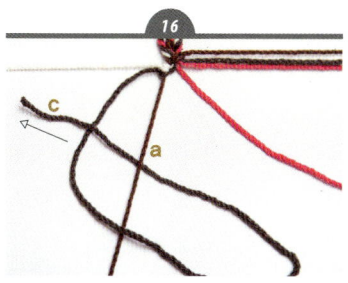

c를 **위**로 놓고, 다시 **아래**로 통과시켜
c의 고리 **위**로 빼내고 당긴다.

d를 a의 **아래**에서 **위쪽**으로
한 바퀴 감아서 **왼쪽**으로 빼내고 당긴다.

d를 a의 **아래**에서 **위**로 한 바퀴 감아서
오른쪽으로 빼내고 당긴다.

※ 중심에 있는 d는
오른쪽 말아엮기 반세트(과정17),
왼쪽 말아엮기 반세트(과정18)를 한다.

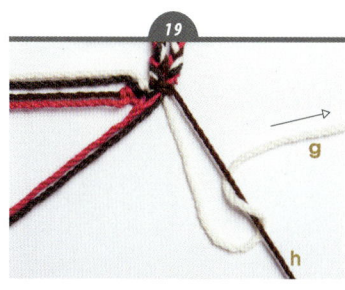

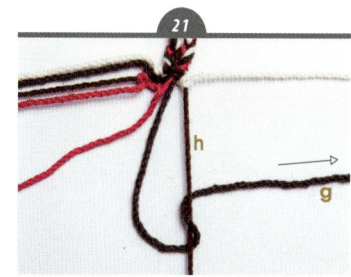

이제 **e, f, g, h**를 할 차례인데,
가장 오른쪽에 있는 **h**를 중심 실로 하고
e, f, g를 엮는 실로 각각 1번씩
말아엮기를 한다.
순서는 **g**부터 **f, e**의 방향으로 한다.
g를 h의 **아래**에서 **위쪽**으로
한 바퀴 감아서 **오른쪽**으로 빼내고 당긴다.

g를 h위에 놓고, 다시 **아래**로 통과시켜
g의 고리 **위**로 빼내고 당긴다.

※ 과정19~과정20까지
왼쪽 말아엮기(152p 참조) 1세트.

g를 h의 **아래**에서 **위쪽**으로
한 바퀴 감아서 **오른쪽**으로 빼내고 당긴다.

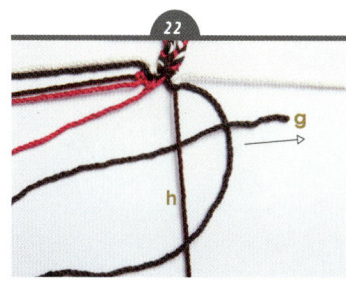

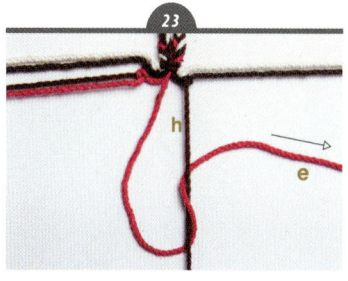

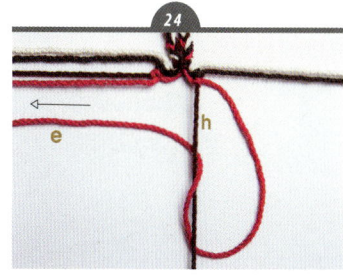

g를 h위에 놓고, 다시 **아래**로 통과시켜
g의 고리 **위**로 빼내고 당긴다.

e를 h의 **아래**에서 **위쪽**으로
한 바퀴 감아서 **오른쪽**으로 빼내고 당긴다.

e를 h의 **아래**에서 **위쪽**으로
한 바퀴 감아서 **왼쪽**으로 빼내고 당긴다.

※ 중심에 있는 e는 왼쪽 말아엮기 반세트(과정23),
오른쪽 말아엮기 반세트(과성24)를 한다.

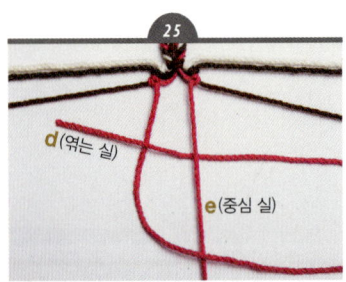

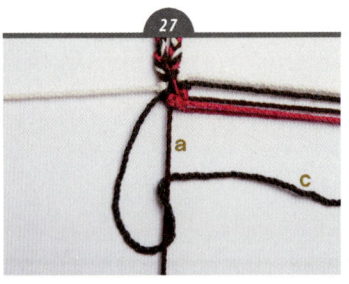

이번에는 매듭팔찌 가운데 부분을
묶어주기 위해 **좌우엮기**(149p 참조)를
왼쪽 방향으로 2번 한다.
d를 **e**의 **위**에 놓고,
다시 **아래**로 통과시켜
d의 고리 **위**로 빼내고 당긴다.

다시 **d**를 **e**의 **위**에 놓고,
다시 **아래**로 통과시켜
d의 고리 **위**로 빼내고 당긴다.

c를 **a**의 **아래**에서 **위쪽**으로
한 바퀴 감아서 **오른쪽**으로 빼내고 당긴다.

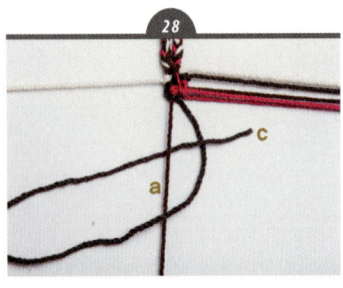

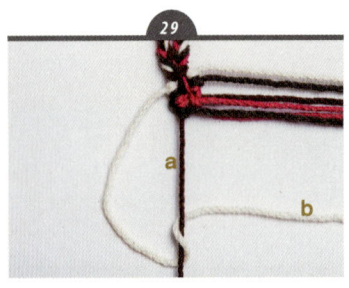

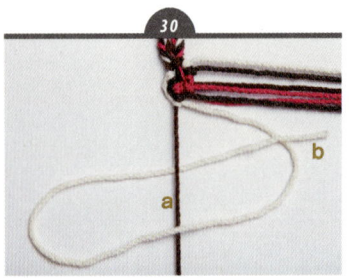

c를 **a**위에 놓고, 다시 **아래**로 통과시켜
c의 고리 **위**로 빼내고 당긴다.

b를 **a**의 **아래**에서 **위쪽**으로
한 바퀴 감아서 **오른쪽**으로 빼내고 당긴다.

b를 **a**의 **위**에 놓고, 다시 **아래**로 통과시켜
b의 고리 **위**로 빼내고 당긴다.
이어서 반대편도 같은 방법으로 하는데,
h를 중심 실로 **f**와 **g**의 순서로
왼쪽 말아엮기 1세트씩 한다.

※ 과정27~과정30까지 왼쪽 말아엮기 1세트.

손목둘레에 맞을 때까지 **과정10~과정30**을
반복하고, 적당한 길이가 되면 끝에서
8cm 정도 남기고 자른다.

4줄씩 나눠서 **8cm**씩 **3줄땋기**를 한다.
마무리는 한매듭으로 묶고 남은 실은 자른
다. 나머지도 같은 방법으로 마무리한다.

완성.

에스닉패턴
소원팔찌

실 **매듭실 A** 면 소재, 150cm×4줄
(연두색, 자주색, 밤색, 밝은 나무색)

나무볼 10mm 1개

모델컷 *23P*

4cm
3줄땋기
(151p 참조)

2cm

반으로 접어
한매듭
(149p 참조)

16cm
말아엮기
(152p 참조)

나무볼
끼우기

8줄로
한매듭

1cm

사이즈 손목 둘레 약 15cm

매듭실 4줄의 **중간 지점**을 고정한 뒤
4cm 정도 3줄땋기를 한다.

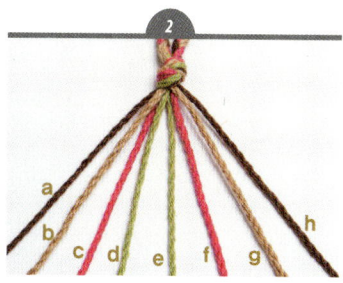

3줄땋기 한 부분을 반으로 접어
한매듭으로 고리를 **완성**한 뒤
a, **b**, **c**, **d**, **e**, **f**, **g**, **h**의 순서로
배치한다.

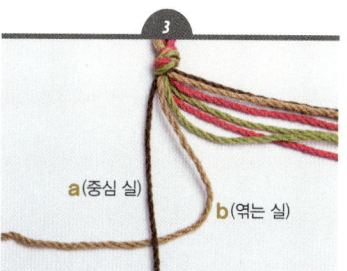

왼쪽에서부터 시작한다.
b(엮는 실)를 **a**(중심 실)의
아래로 놓는다.

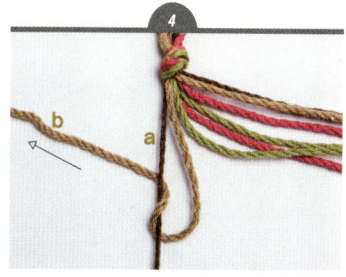

b를 **a**의 **위**에서 **아래**로
한 바퀴 감아서 **왼쪽**으로 빼낸다.

b를 당긴다.

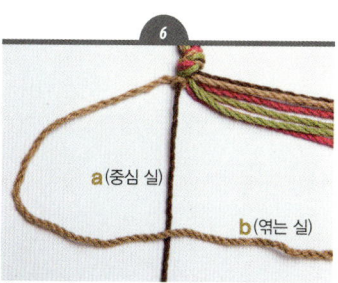

b(엮는 실)를 **a**(중심 실)의 **위**에 놓는다.

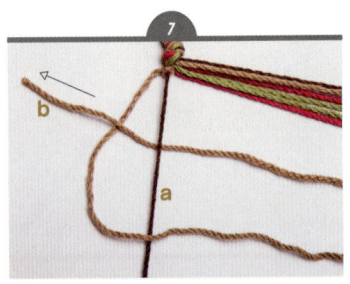

b를 a의 위에서 **아래**로 통과시켜
b의 고리 **위**로 빼낸다.

b를 **왼쪽**으로 당긴다.

과정3~과정8과 같은 방법으로,
a를 중심 실로 c와 d도 각각
오른쪽 말아엮기를 1세트씩 한다.

※ 과정3~과정8까지 오른쪽 말아엮기
(152p 참조) 1세트.

g(엮는 실)를 h(중심 실)의
아래에서 **위쪽**으로 한 바퀴 감아서
오른쪽으로 빼낸다.
그리고 당긴다.

g를 h의 **위**에 놓고,
다시 **아래**로 통과시켜
g의 고리 **위**로 빼낸다.
그리고 **오른쪽**으로 당긴다.

과정10~과정11과 같은 방법으로,
h를 중심 실로 f와 e도 각각
왼쪽 말아엮기를 1세트씩 한다.

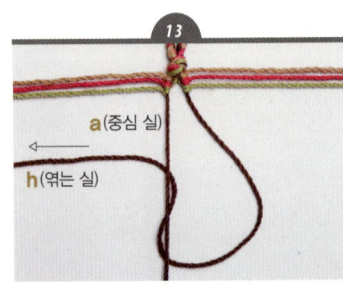

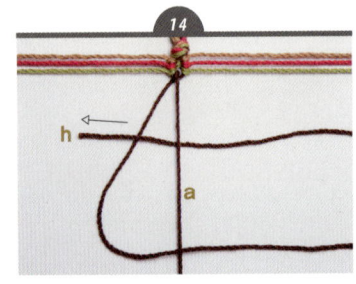

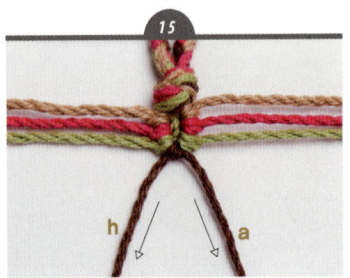

이번에는 가운데를 묶기 위해 a를 **중심 실**로,
h를 **엮는 실**로 오른쪽 말아엮기를 1세트 한
다. h를 a의 **아래**에서 **위쪽**으로 한 바퀴 감
아서 **왼쪽**으로 빼내고 잡아당긴다.

다시 h를 a의 **위**에 놓고,
아래로 통과시켜 h의 고리 **위**로 빼낸다.
그리고 잡아당긴다.

h와 a를 양쪽으로 당긴다.

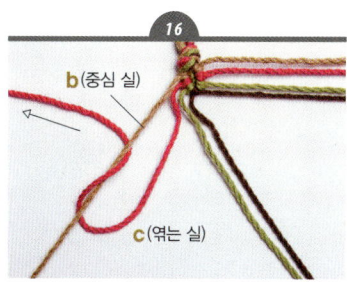

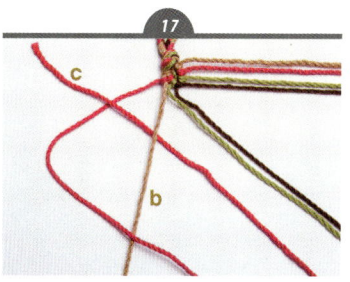

다시 **왼쪽**에서부터 시작한다.
c(엮는 실)를 **b**(중심 실)의
아래에서 **위쪽**으로 한 바퀴 감아서
왼쪽으로 빼낸다.

c를 **b**의 **위**에 올리고,
다시 **아래쪽**으로 통과시켜
c의 고리 **위**로 빼낸다.
그리고 잡아당긴다.

과정16~과정17과 같은 방법으로 **b**를
중심 실로 하고 **d**와 **h**도 1세트씩 반복한다.
그리고 **과정13~과정14**처럼
b와 **g**를 묶어준다.
반대방향도 같은 방법으로,
g를 중심 실로 **f, e, h**의 순서로
왼쪽 말아엮기를 1세트씩 한다.

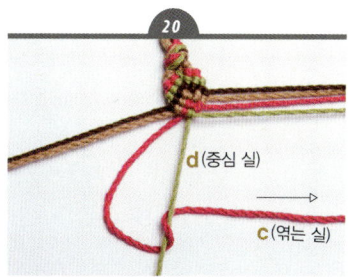

과정3~과정18을 2번 더 반복한다.

1. 왼쪽은 **c**를 중심 실로,
   오른쪽은 **f**를 중심 실로 한다.

2. 왼쪽은 **d**를 중심 실로,
   오른쪽은 **e**를 중심 실로 한다.

c(엮는 실)를 **d**(중심 실)의
아래에서 **위쪽**으로 한 바퀴 감아서
오른쪽으로 빼낸다.
그리고 **c**를 잡아당긴다.

다시 **c**를 **d**의 **위**로 올리고,
아래로 통과시켜
c의 고리 **위쪽**으로 빼내고 잡아당긴다.

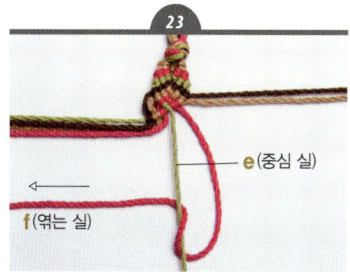

과정20~과정21과 같은 방법으로, **d**를
중심 실로 하고 **b**(엮는 실)와 **a**(엮는 실)도
왼쪽 말아엮기를 1세트씩 반복한다.
반쪽이 완성된 모습.

이번에는 오른쪽을 하는데,
e를 중심 실로 하여 **f, g, h** 순서로
오른쪽 말아엮기를 1세트씩 반복한다.
f를 **e**의 **아래**에서 **위쪽**으로 한 바퀴 감아서
왼쪽으로 빼내고 잡아당긴다.

f를 **e**의 **위**로 놓고, 다시 **아래**로 통과시켜
f의 고리 **위**로 빼내서 잡아당긴다.

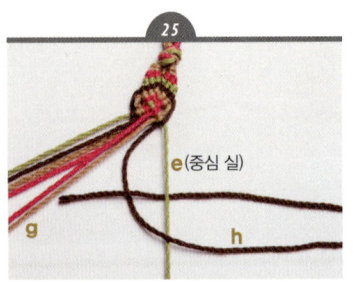

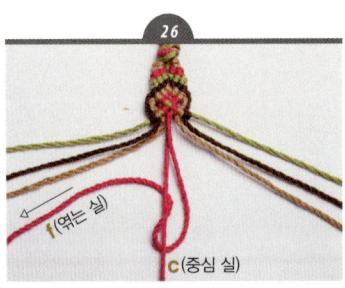

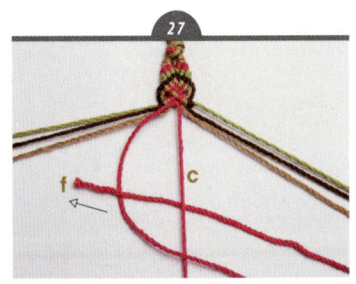

과정23~과정24와 같은 방법으로
e를 중심 실로
g와 **h**도 1세트씩 **반복**한다.

f(엮는 실)를 **c**(중심 실)의
아래에서 **위쪽**으로 한 바퀴 감아
왼쪽으로 빼내서 잡아당긴다.

f를 **c**의 **위**로 올리고, 다시 **아래**로 통과시켜
f의 고리 **위**로 빼내서 잡아당긴다.
과정20~과정27을 3번 더 반복한다.
1. 왼쪽은 **c**를 중심 실로, 오른쪽은 **f**를 중심
   실로 한다.
2. 왼쪽은 **b**를 중심 실로, 오른쪽은 **g**를 중
   심 실로 한다.
3. 왼쪽은 **a**를 중심 실로, 오른쪽은 **h**를 중
   심 실로 한다.

양쪽이 **완성**된 모습.

손목둘레에 맞을 때까지
과정3~과정28을 **반복**한다.

적당한 길이가 되면 끝 부분을
8cm 정도 남기고 실을 자른다.

8개의 실 끝으로 나무볼을 넣고,
한매듭으로 묶는다.
1cm 정도 남기고 **실을 자른다.**

완성.

팔자매듭 팔찌

실 **매듭실 A** 면 소재, 150cm×3줄
(빨간색 2줄, 초록색 1줄)

나무볼 10mm 1개

모델컷 *24 P*

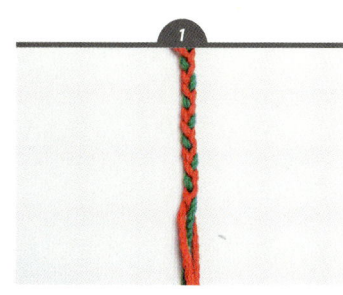

매듭실 3줄의 중간 지점을
집게나 테이프로 고정하고,
4cm 정도 3줄땋기를 한다.

3줄땋기 한 부분을 반으로 접고
한매듭으로 묶어 **고리를 완성**한다.

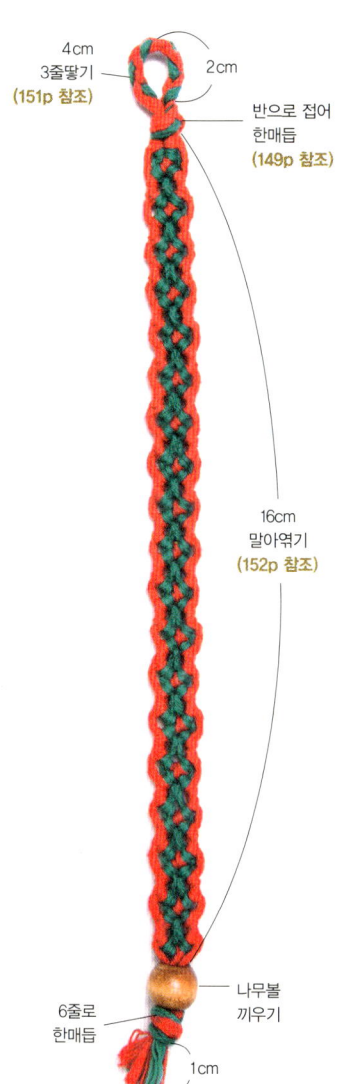

4cm
3줄땋기
(151p 참조)

2cm

반으로 접어
한매듭
(149p 참조)

16cm
말아엮기
(152p 참조)

나무볼
끼우기

6줄로
한매듭

1cm

사이즈 손목 둘레 약 15cm

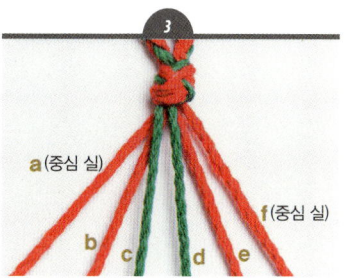

고리를 집게로 고정한 뒤
a, b, c, d, e, f의 **순서**로 배치한다.
(**a**와 **f**는 중심 실)

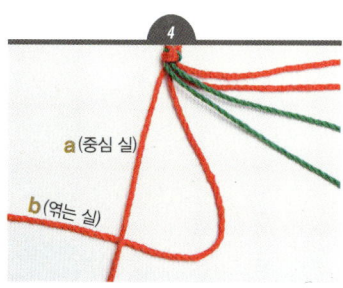

b(엮는 실)를 **a**(중심 실)의 **아래**로 놓는다.

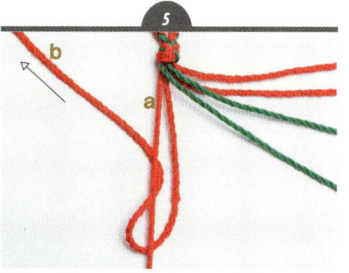

b를 **a**의 **아래**에서
위쪽으로 한 바퀴 감아서
왼쪽으로 빼내고 잡아당긴다.

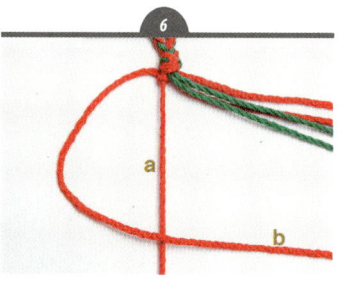

b(엮는 실)를 **a**(중심 실)의 **위**로 놓는다.

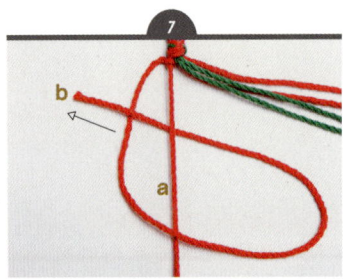

b를 **a**의 **아래**로 통과시켜
b의 고리 **위**로 빼내고 잡아당긴다.

※ 과정4~과정7까지
오른쪽 말아엮기(152쪽 참조) 1세트.

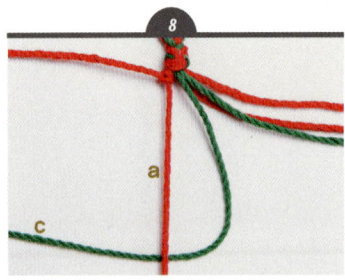

c(엮는 실)를 **a**(중심 실)의 **아래**로 놓는다.

c를 **a**의 **아래**에서 **위쪽**으로
한 바퀴 감아서
왼쪽으로 빼내고 잡아당긴다.

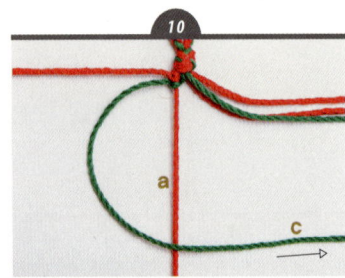

c(엮는 실)를 **a**(중심 실)의 **위**로 놓는다.

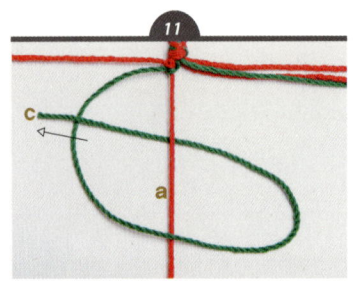

c를 **a**의 **아래**로 통과시켜
c의 고리 **위**로 빼내고 잡아당긴다.

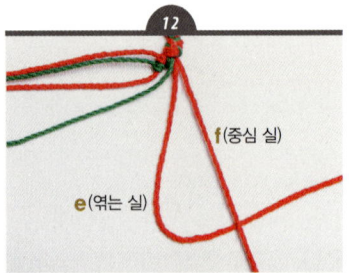

e(엮는 실)를 **f**(중심 실)의 **아래**로 놓는다.

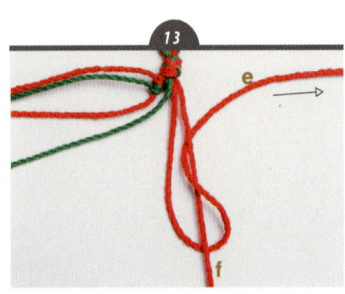

e를 **f**의 **아래**에서 **위쪽**으로 한 바퀴 감아서
오른쪽으로 빼내고 잡아당긴다.

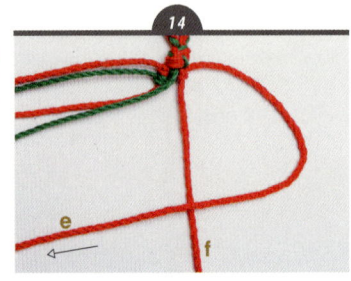

e를 **f**의 **위**로 놓는다.

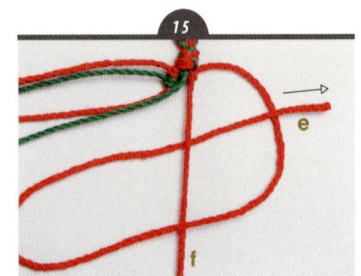

e를 **f**의 **아래**로 통과시켜
e의 고리 **위**로 빼내고 잡아당긴다.

※ 과정12~과정15까지
왼쪽 말아엮기(152쪽 참조) 1세트.

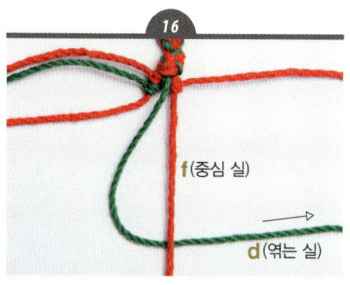

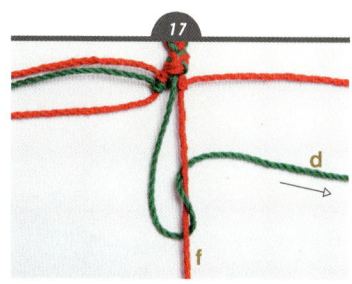

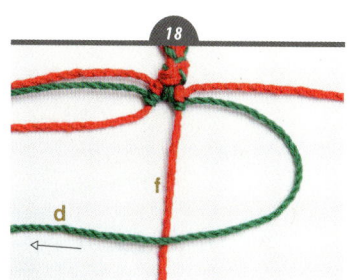

d(엮는 실)를 f(중심 실)의 **아래**로 놓는다.

d를 f의 **아래**에서
위쪽으로 한 바퀴 감아서
오른쪽으로 빼내고 잡아당긴다.

d를 f의 **위**로 놓는다.

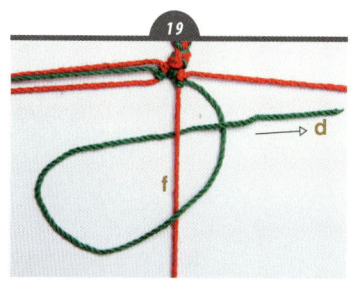

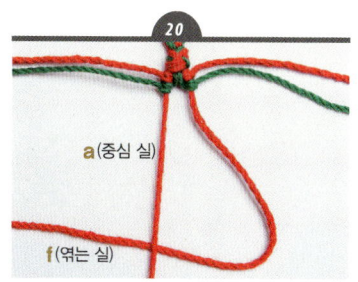

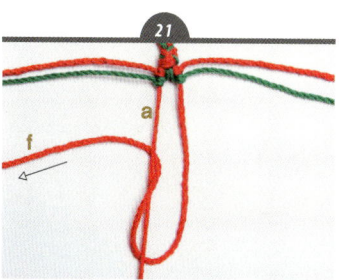

d를 f의 **아래**로 통과시켜
d의 고리 **위**로 빼내고 잡아당긴다.

매듭팔찌의 가운데를 묶기 위해
오른쪽 말아엮기를 1세트
(과정20~과정23) 한다.
f(엮는 실)를 a(중심 실) **아래**로 놓는다.

f를 a의 **아래**에서 **위쪽**으로
한 바퀴 감아서 **왼쪽**으로 빼내고
잡아당긴다.

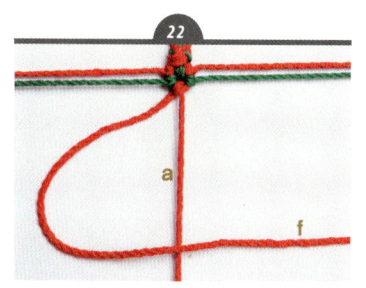

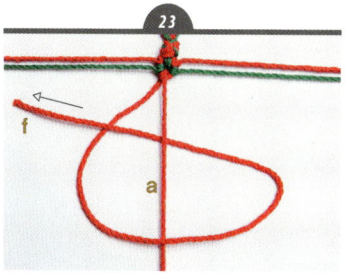

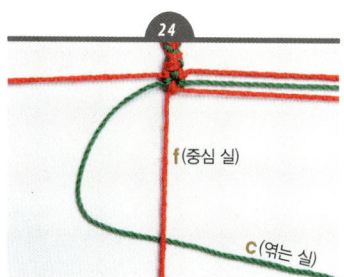

f를 a의 **위**로 놓는다.

f를 a의 **아래**로 통과시켜
f의 고리 **위**로 빼내고 잡아당긴다.

c(엮는 실)를 f(중심 실)의 **아래**로 놓는다.

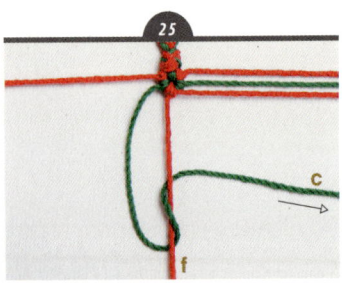

c를 f의 **아래**에서 **위쪽**으로
한 바퀴 감아서 **오른쪽**으로 빼내고
잡아당긴다.

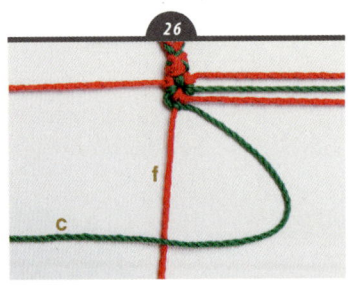

c를 f의 **위**로 놓는다.

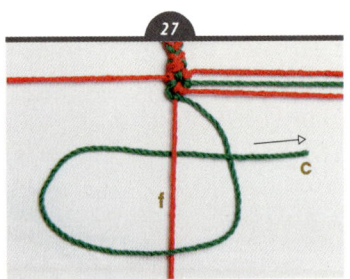

c를 f의 **아래**로 통과시켜
c의 고리 **위**로 빼내고 잡아당긴다.

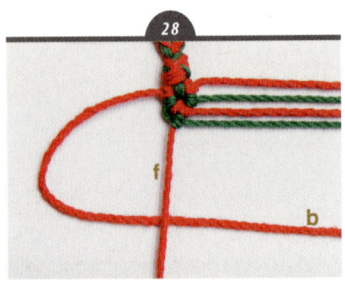

b(엮는 실)를 f(중심 실)의 **아래**로 놓는다.

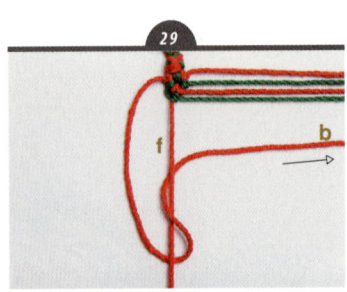

b를 f의 **아래**에서 **위쪽**으로
한 바퀴 감아서 **오른쪽**으로 빼내고
잡아당긴다.

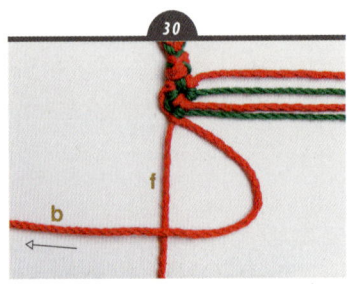

b를 f의 **위**로 놓는다.

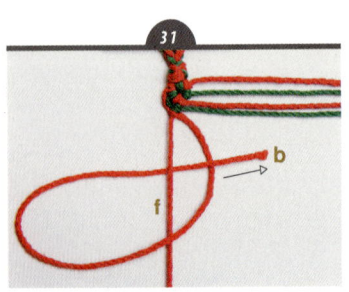

b를 f의 **아래**로 통과시켜
b의 고리 **위**로 빼내고 잡아당긴다.

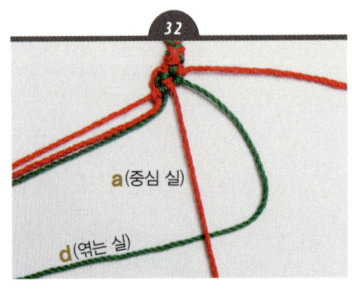

d(엮는 실)를 a(중심 실)의 **아래**로 놓는다.

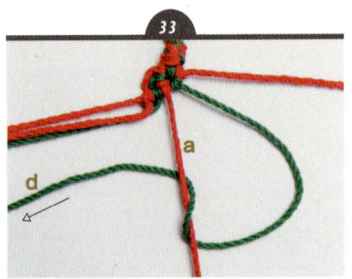

d를 a **아래**에서 **위쪽**으로 한 바퀴 감아서
왼쪽으로 빼내고 잡아당긴다.

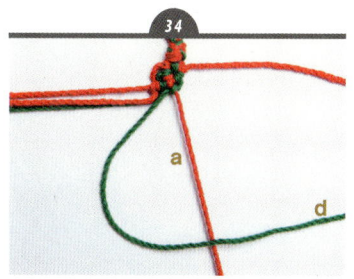

d를 a의 위로 놓는다.

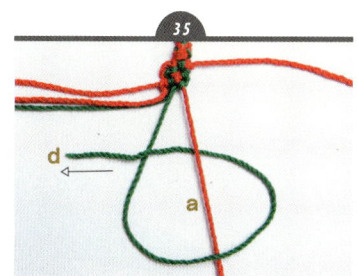

d를 a의 아래로 통과시켜
d의 고리 위로 빼내고 잡아당긴다.

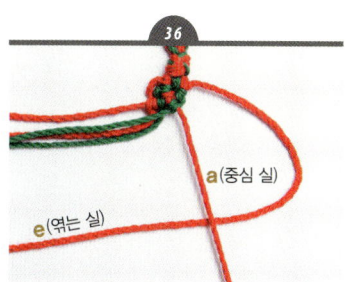

e(엮는 실)를 a(중심 실)의 아래로 놓는다.

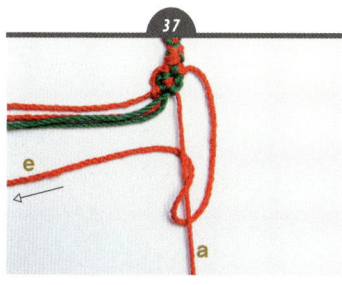

e를 a의 아래에서 위쪽으로
한 바퀴 감아서 왼쪽으로 빼내고
잡아당긴다.

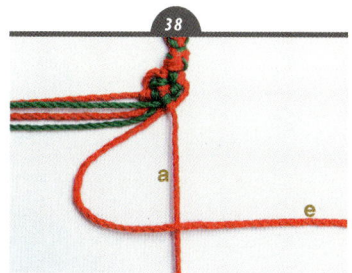

e를 a의 위로 놓는다.

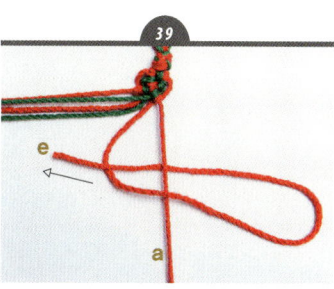

e를 a의 아래로 통과시켜
e의 고리 위로 빼내서 잡아당긴다.

손목둘레에 맞을 때까지 과정4~과정39를
반복하고, 적당한 길이가 되면 8cm 정도 남
기고 실을 자른다.

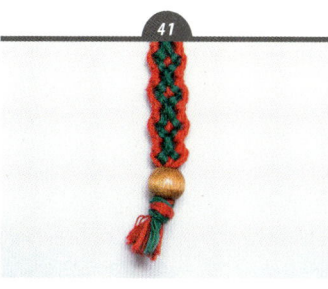

6개의 줄을 나무볼에 넣고,
한매듭으로 묶고 실을 자른다.

완성.

평돌기&평매듭의 도톰한 팔찌

실 **매듭실 A** 면 소재,
150cm×4줄
(노란색, 청록색,
연보라색, 피치색)

나무볼 10mm 1개

모델컷 *28P*

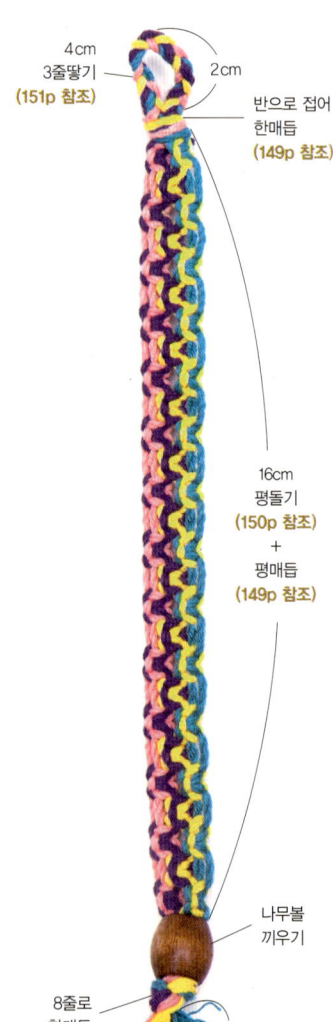

4cm
3줄땋기
(151p 참조)
2cm

반으로 접어
한매듭
(149p 참조)

16cm
평돌기
(150p 참조)
+
평매듭
(149p 참조)

나무볼
끼우기

8줄로
한매듭

1cm

사이즈 손목 둘레 약 15cm

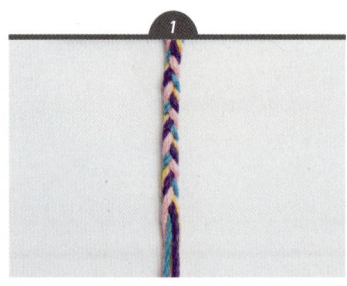

매듭실 4줄의 중간 지점을
집게나 테이프로 고정시키고
4cm정도 **3줄땋기**를 한다.

3줄땋기 한 부분을 반으로 접어서
한매듭으로 묶으면 고리가 **완성**된다.

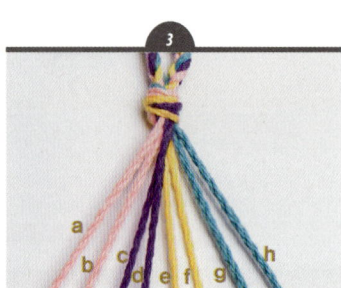

고리를 집게로 고정한 뒤
a, b, c, d, e, f, g, h의 순서로
실을 배치한다.

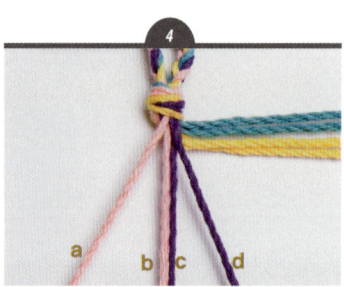

a, b, c, d를 그림과 같이 배치한다.

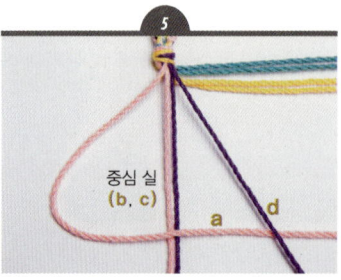

중심 실
(b, c)

a(엮는 실)를 중심 실(b, c) **위로** 올리고
d(엮는 실)를 **a 위로** 올린다.

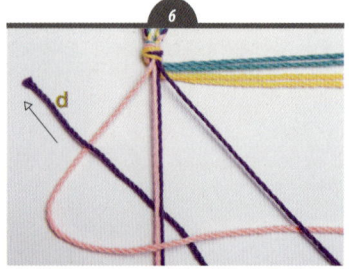

d를 중심 실 **아래로** 통과시키고,
a의 고리 **위로** 빼낸다.

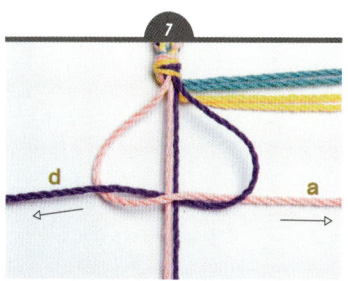

d와 a를 양쪽으로 당긴다.

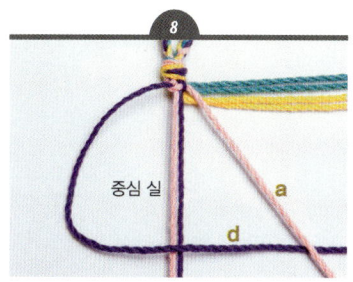

이번에는 **왼쪽**으로 옮겨진
d를 중심 실 **위**로 올리고
a를 **d 위**로 올린다.

a를 중심 실 **아래**로 통과시키고,
d의 고리 **위**로 빼내고
양쪽으로 잡아당긴다.

※ 과정5～과정9까지
왼쪽 평돌기(150p 참조) 1세트.

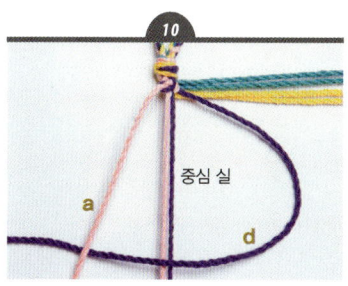

d를 중심 실 **위**로 올리고
a를 **d위**로 올린다.

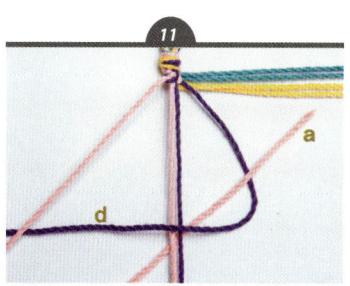

a를 중심 실 **아래**로 통과시키고,
d의 고리 **위**로 빼내고
양쪽으로 잡아당긴다.

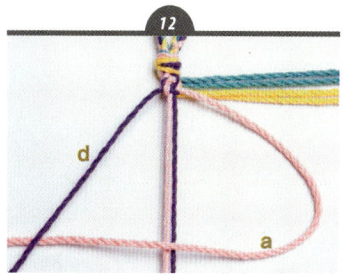

오른쪽으로 옮겨진 **a**를
중심 실 **위**로 올리고
d를 **a 위**로 올린다.

d를 중심 실 **아래**로 통과시키고. **a**의 고리
위로 빼내고 양쪽으로 잡아당긴다.

※ 과정10～과정13까지 오른쪽 평돌기 1세트.
※ 과정5～과정13까지 왼쪽 · 오른쪽 평돌기를 1세
트씩 만들면 왼쪽 평매듭 1세트(과정8～과정11)가
자연스럽게 완성된다.

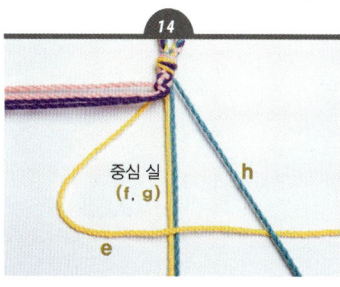

e(엮는 실)를 중심 실(**f, g**) **위**로 올리고
h(엮는 실)를 **e 위**로 올린다.

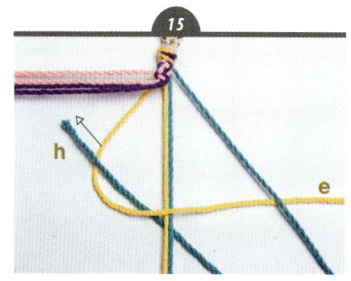

h를 중심 실 **아래**로 통과시키고,
e의 고리 **위**로 빼내고
양쪽으로 잡아당긴다.

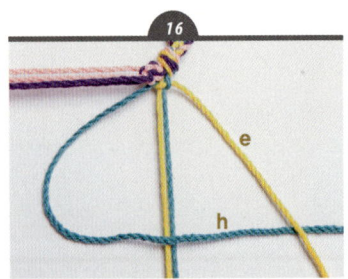

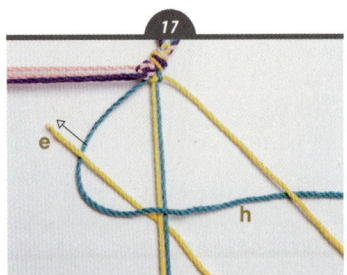

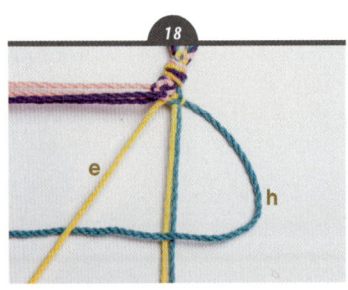

이번에는 **h**를 중심 실 **위**로 올리고
e를 **h** 위로 올린다.

다시 **e**를 중심 실 **아래**로 통과시키고,
h의 고리 **위**로 빼내고 양쪽으로 잡아당긴다.

※ 과정14～과정17까지 왼쪽 평돌기 1세트.

h를 중심 실 **위**로 올리고
e를 **h** 위로 올린다.

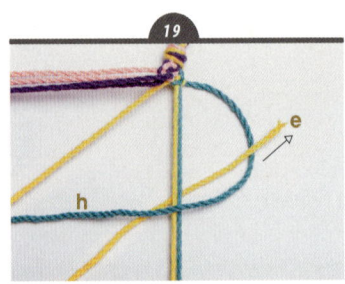

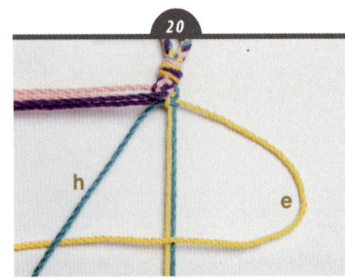

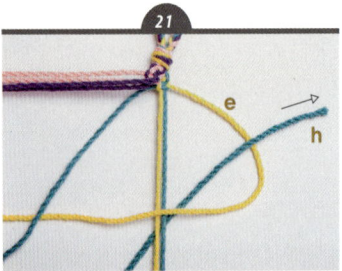

e를 중심 실 **아래**로 통과시키고,
h의 고리 **위**로 빼내고
양쪽으로 잡아당긴다.

오른쪽으로 옮겨진 **e**를
중심 실 **위**로 올리고 **h**를
e 위로 올린다.

h를 중심 실 **아래**로 통과시키고,
e의 고리 **위**로 빼내고
양쪽으로 잡아당긴다.

※ 과정18～과정21까지 오른쪽 평돌기 1세트.

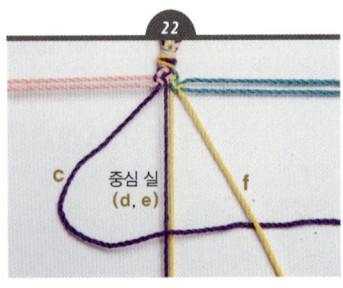

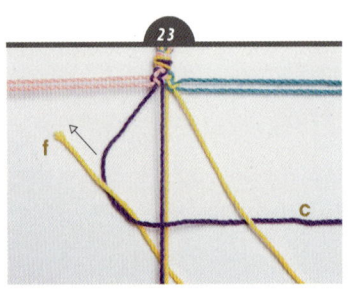

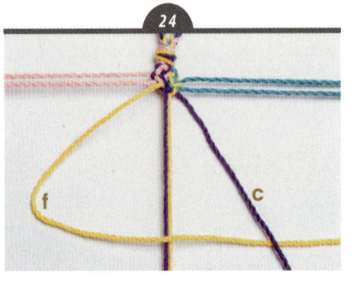

c를 중심 실(**d, e**) **위**로 올리고
f(엮는 실)를 **c** 위로 올린다.

f를 중심 실 **아래**로 통과시키고,
c의 고리 **위**로 빼내서 잡아당긴다.

이번에는 **f**를 중심 실 **위**로 올리고
c를 **f** 위로 올린다.

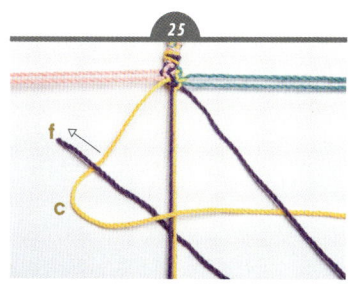

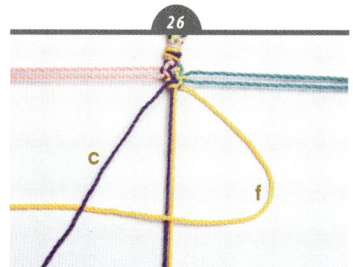

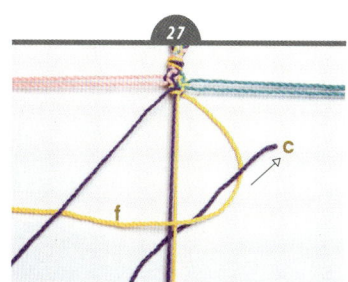

다시 **c**를 중심 실 **아래**로 통과시키고,
f의 고리 **위**로 빼내고 양쪽으로 잡아당긴다.

※ 과정22~과정25까지 왼쪽 평돌기 1세트.

다시 **f**를 중심 실 **위**로 올리고
c를 **f 위**로 올린다.

c를 중심 실 **아래**로 통과시키고
f의 고리 **위**로 빼내고 양쪽으로 잡아당긴다.

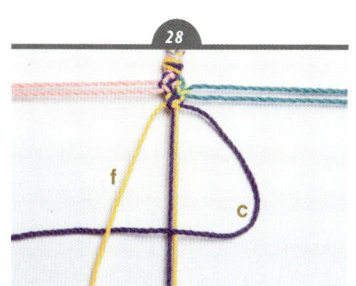

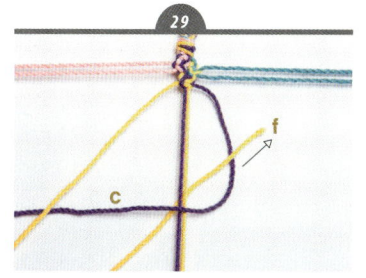

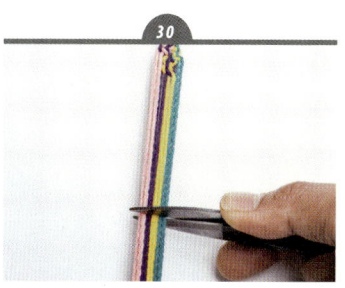

오른쪽으로 옮겨진 **c**를
중심 실 **위**로 올리고 **f**를 **c 위**로 올린다.

f를 중심 실 **아래**로 통과시키고,
c의 고리 **위**로 빼내고 잡아당긴다.

※ 과정26~과정29까지 오른쪽 평돌기 1세트.

손목둘레에 맞을 때까지 **과정5~과정29**
를 **반복**하고, 적당한 길이가 되면 실 끝을
8cm 정도 남기고 자른다.

나무볼이 빠지지 않도록 **한매듭**으로
묶은 뒤 실을 **1cm** 정도 남기고 자른다.

완성.

실크사와 노끈을
이용한 팔찌

실   **매듭실 A** 노끈, 180cm×1줄
       매듭실 B 실크사, 90cm×1줄

나무볼 15mm 1개

모델컷 *29P*

노끈의 중간 지점을
집게나 테이프로 고정하고,
좌우엮기를 4cm 정도 만든다.

좌우엮기 한 부분을 **반으로 접어**
집게로 **고정**한다.

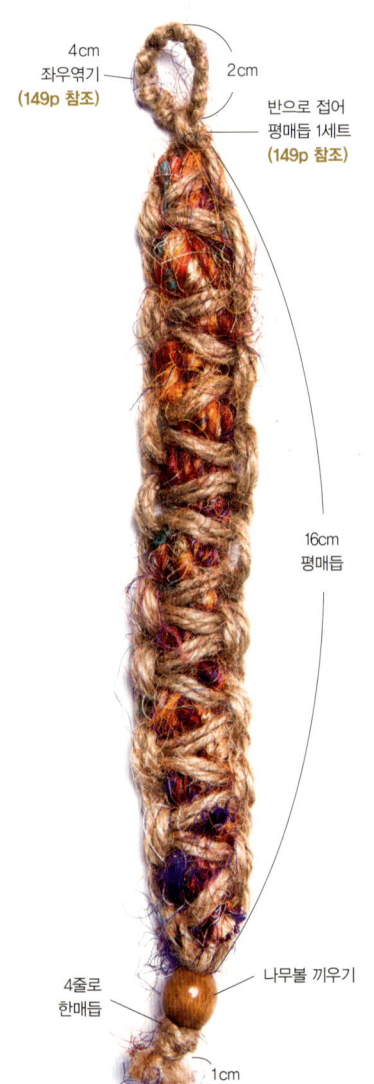

4cm
좌우엮기
(149p 참조)

2cm

반으로 접어
평매듭 1세트
(149p 참조)

16cm
평매듭

4줄로
한매듭

나무볼 끼우기

1cm

사이즈 손목 둘레 약 15cm

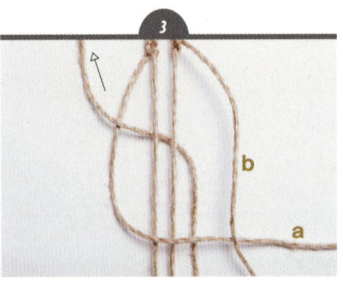

a를 중심 실 **위**로 놓는다.
b를 **a 위**에 놓고 중심 실 **아래**로 통과시켜
a의 고리 **위**로 빼내고 잡아당긴다.

이번에는 **오른쪽**으로 옮겨진 **a**를
중심 실 **위**로 놓고, **b**를 **a**의 **위**에 놓는다.
다시 **b**를 중심 실 **아래**로 통과시켜
a의 고리 **위**로 빼내고 잡아당긴다.

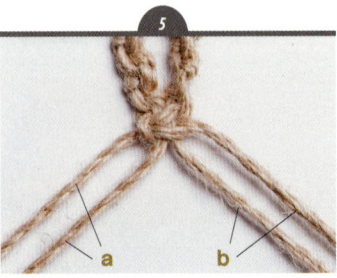

두 줄씩 양 갈래로 나누어
a, **b**로 배치한다.

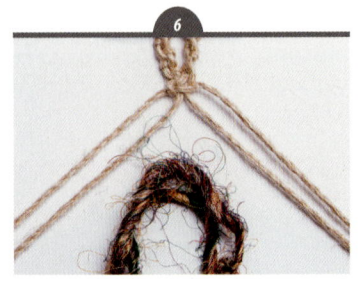

실크사를 반으로 두 번 접어
그림과 같이 **가운데**에 **배치**한다.

실크사를 중심 실로,
a를 중심 실 위로 놓고
b를 a 위에 놓는다.

b를 중심 실 아래로 통과하여
a의 고리 위로 빼낸다.

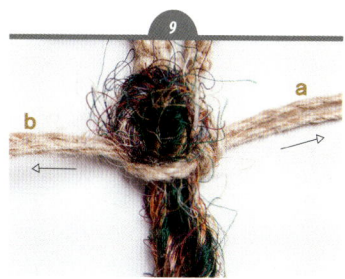

b와 a를 양쪽으로 잡아당긴다.

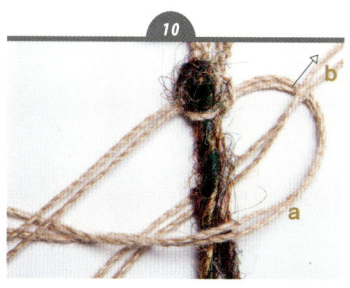

오른쪽으로 옮겨진 a를 중심 실 위로 놓고,
b를 a 위에 놓고 중심 실 아래로 통과시켜
a의 고리 위로 빼내고 잡아당긴다.

손목둘레에 맞을 때까지
과정7~과정10을 반복한다.

위아래로 남은 실크사는
잘라서 정리한다.

노끈을 나무볼에 넣고 한매듭으로 묶는다.
끝부분에 남은 노끈은 1cm 정도 남기고
자른다.

완성.

2단 평매듭 팔찌

실 **매듭실 A** 면 소재, 150cm×4줄
(주황색, 빈티지블루, 초록색, 보라색)

나무볼 10mm 1개

모델컷 *30P*

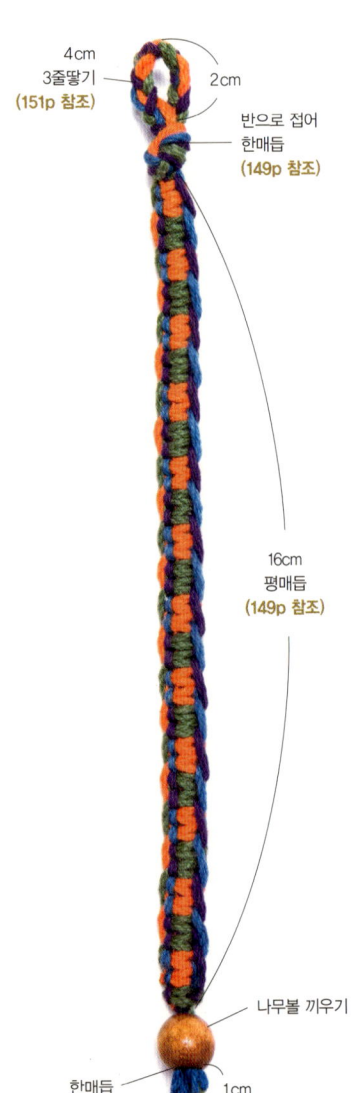

4cm
3줄땋기
(151p 참조)

2cm

반으로 접어
한매듭
(149p 참조)

16cm
평매듭
(149p 참조)

나무볼 끼우기

한매듭

1cm

사이즈 손목 둘레 약 15cm

매듭실 4줄의 한쪽 끝을 맞추고
30cm 떨어진 지점을 고정한 뒤
4cm정도 **3줄땋기**를 한다.

3줄땋기 한 부분을 반으로 접고
한매듭으로 묶어 **고리를 완성**한다.

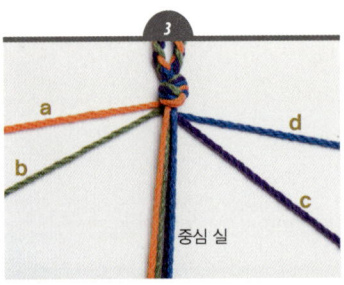

a
b
d
c
중심 실

고리를 집게로 고정한 뒤
짧은 4개의 실은 가운데로 배치하고
엮는 실 **a, b, c, d**를 배치한다.

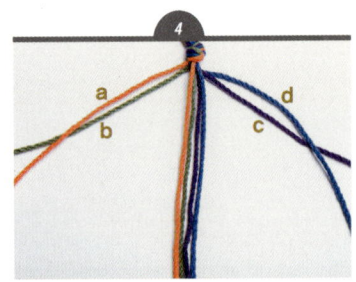

a
b
d
c

a를 **b** 위로, **d**를 **c** 위로 놓는다.

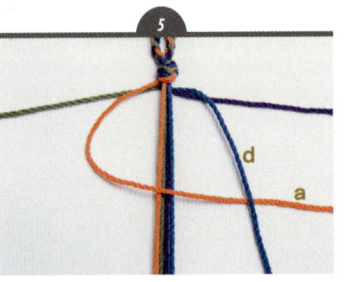

d
a

a를 중심 실 **위**로 놓고,
d를 **a** 위로 놓는다.

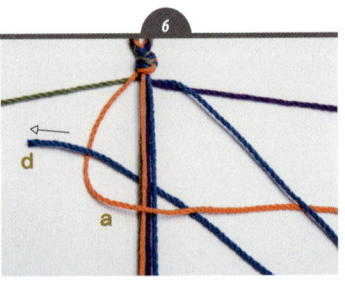

d
a

d를 중심 실 **아래**로 통과시켜
a의 고리 **위**로 빼내고
양쪽으로 잡아당긴다.

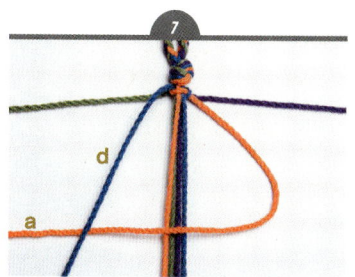

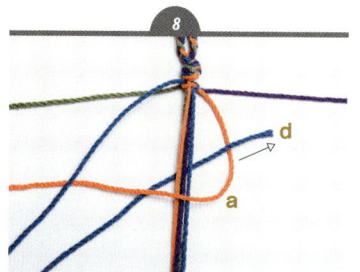

오른쪽으로 옮겨진 **a**를
중심 실 **위**로 놓고
d를 **a** 위로 놓는다.

d를 중심 실 **아래**로 통과시켜
a의 고리 **위**로 빼내고
양쪽으로 잡아당긴다.

과정4~과정8을 한 번 더 **반복**한다.

※ 과정4~과정8까지
왼쪽 평매듭(149p 참조) 1세트.

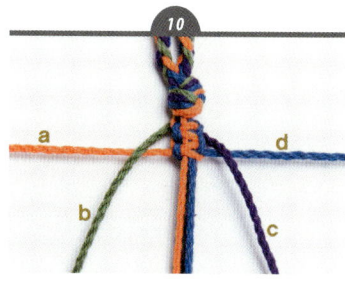

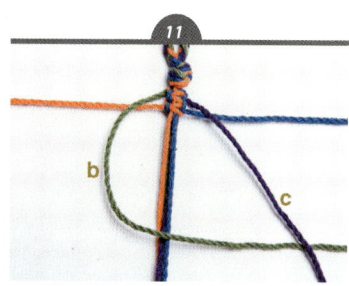

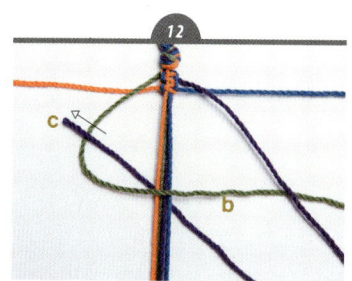

b를 **a** 위로, **c**를 **d** 위로 놓는다.

b를 중심 실 **위**로 놓고
c를 **b** 위로 놓는다.

c를 중심 실 **아래**로 통과시켜
b의 고리 **위**로 빼내고
양쪽으로 잡아당긴다.

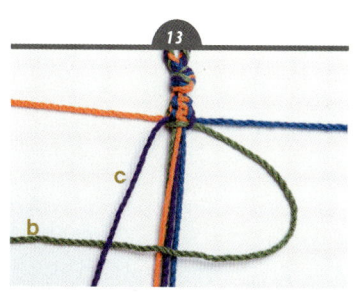

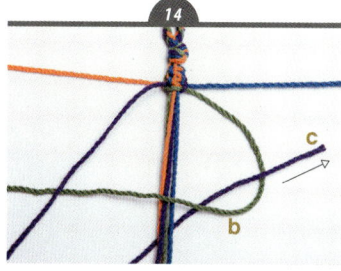

오른쪽으로 옮겨진 **b**를
중심 실 **위**로 놓고 **c**를 **b** 위로 놓는다.

c를 중심 실 **아래**로 통과시켜
b의 고리로 빼낸다.

b와 **c**를 양쪽으로 잡아당긴다.

과정10~과정15를 한 번 더 **반복**한다.

손목둘레에 맞을 때까지
과정4~과정16을 반복한다.

적당한 길이가 완성되면
중심 실에 맞춰 **엮는 실을** 자른다.

8개의 줄 끝에 테이프를 붙이고
나무볼을 넣는다.

한매듭으로 묶고
남은 실을 **1cm** 정도 남기고
자른다.

완성.

4단 평매듭 팔찌

실 **매듭실 A** 면 소재, 150cm×8줄
(검은색, 피치색, 노란색, 빈티지그린,
청록색, 감색, 진회색, 연보라색)

모델컷 *31P*

매듭실 8줄의 한쪽 끝을 맞추고
30cm 떨어진 지점을 고정한 뒤
4cm 정도 **3줄땋기**를 한다
(8줄이므로 3, 2, 3으로 잡고
3줄땋기를 한다).

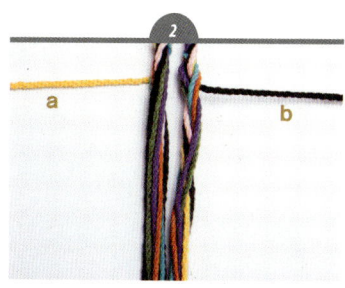

3줄땋기 한 부분을 반으로 접고
한 줄씩 꺼내 양쪽에 **a**와 **b**로 **배치**한다.

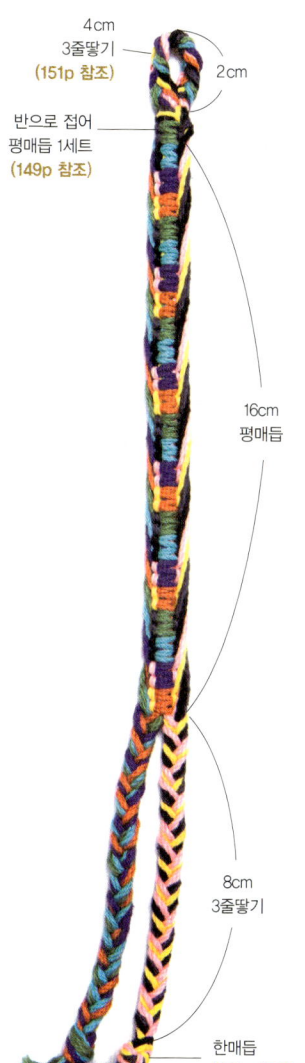

4cm
3줄땋기
(151p 참조)

2cm

반으로 접어
평매듭 1세트
(149p 참조)

16cm
평매듭

8cm
3줄땋기

한매듭
(149p 참조)

1cm

사이즈 손목 둘레 약 15cm

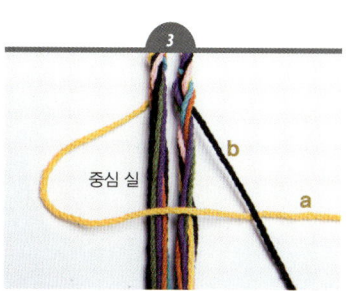

a를 중심 실 **위**로 올리고,
b를 **a** 위에 놓는다.

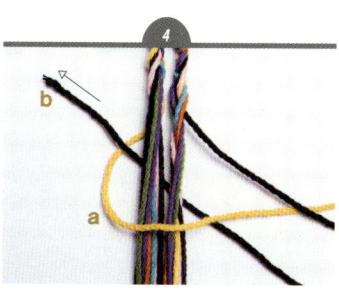

b를 중심 실 **아래**로 통과시키고
a의 고리 **위**로 빼낸다.

b와 **a**를 양쪽으로 당긴다.

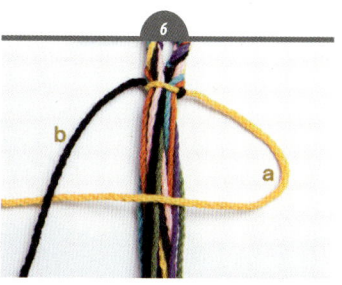

오른쪽으로 옮겨진 **a**를
중심 실 **위**로 놓고 **b**를 **a** 위로 배치한다.

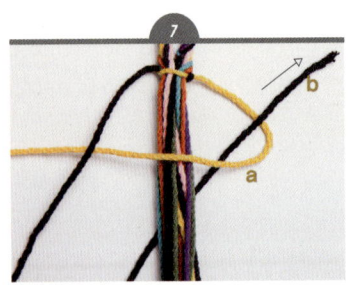

b를 중심 실 **아래**로 통과시키고
a의 고리 **위**로 빼낸다.

a와 **b**를 양쪽으로 당긴다.

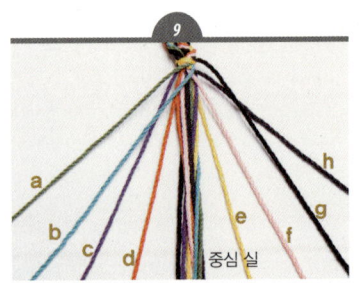

고리를 집게로 고정한 뒤
짧은 8개의 실은 가운데로 배치하고
양쪽으로 엮는 실
a, b, c, d / e, f, g, h의
순서로 **배치**한다.

※ 만들기 방법은 104쪽의 과정4~과정16과 같다.
양쪽 가장자리에 있는 실끼리 왼쪽 평매듭을
2세트씩 반복한다.

손목둘레에 맞을 때까지
매듭을 **반복**한다.

16개의 실을 반으로 나눠
각각 **8cm**씩 **3줄땋기**를 한다.

완성.

곡선 평매듭 팔찌

실 **매듭실 A** 면 소재, 150cm×4줄
(검은색 2줄, 노란색 2줄)

나무볼 10mm 1개

모델컷 *32P*

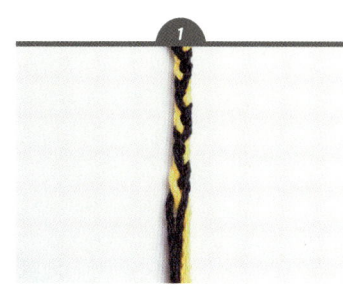

매듭실 4줄의 한쪽 끝을 맞추고
30cm 떨어진 지점을 고정한 뒤
4cm 정도 **3줄땋기**를 한다.

3줄땋기 한 부분을 반으로 접고
한매듭으로 묶어 **고리를 완성**한다.

4cm
3줄땋기
(151p 참조)　　2cm

반으로 접어
한매듭
(149p 참조)

16cm
곡선 평매듭
(149p 참조)

나무볼 끼우기

8줄로
한매듭　　1cm

사이즈 손목 둘레 약 15cm

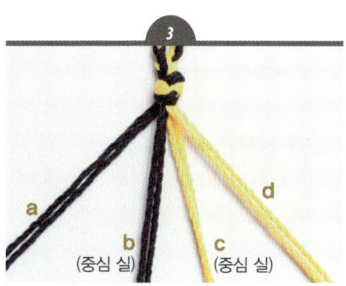

고리를 집게로 고정한 뒤
a, b, c, d의 순서로 실을 배치한다.
(**b, c**는 중심 실)

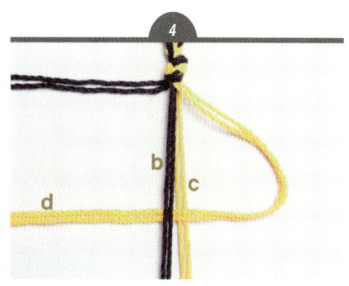

d를 **c**의 **위**로 **b**의 **아래**로 놓는다.

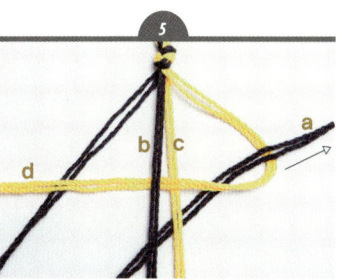

a를 **d**의 **아래**, **b**의 **위**,
다시 **c**의 **아래**로 놓고
d의 고리 **위**로 빼낸다.

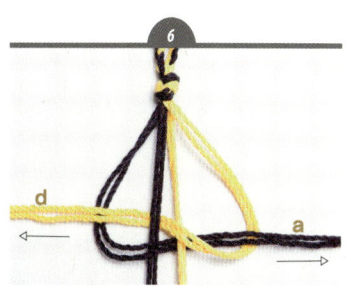

d와 **a**를 양쪽으로 잡아당긴다.

d와 a를 양쪽으로 당긴 모습.

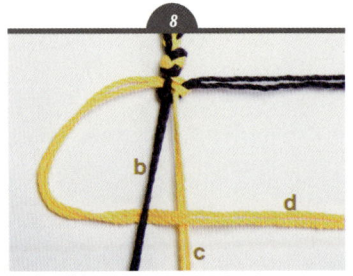

d를 b의 **아래**로 c의 **위**로 놓는다.

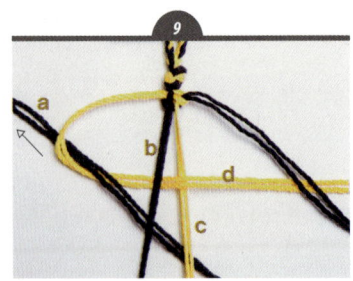

a를 d의 **위**, c의 **아래**,
다시 b의 **위**로 놓고 d의 고리 **위**로 빼낸다.

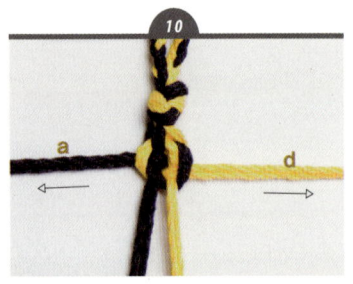

a와 d를 양쪽으로 당긴다.

※ 과정4~과정10까지
곡선 평매듭 1세트.

과정4~과정10을 손목둘레에
맞을 때까지 **반복**한다.

적당한 길이가 **완성**되면
8cm 정도 실을 남기고 자른다.

8개의 줄 끝에 테이프를 붙이고
나무볼을 넣는다.

나무볼이 빠지지 않도록
한매듭으로 묶은 뒤 **1cm** 정도 남기고
실을 자른다.

완성.

교차 평매듭 팔찌

실   **매듭실 A** 면 소재, 150cm×3줄
(회색 2줄, 밤색 1줄)

나무볼 10mm 1개

모델컷 *33p*

매듭실 3줄의 **중간 지점**을
집게나 테이프로 고정하고
4cm 정도 **3줄땋기**를 한다.

3줄땋기 한 부분을 **반**으로 접고
한매듭으로 묶으면 **고리가 완성**된다.

4cm
3줄땋기
(151p 참조)

2cm

반으로 접어
한매듭
(149p 참조)

16cm
평매듭
(149p 참조)

나무볼
끼우기

6줄로
한매듭

1cm

사이즈 손목 둘레 약 15cm

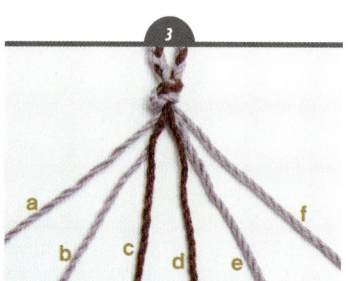

집게나 테이프로 고리를 고정한 뒤
a, b, c, d, e, f 순서로 배치한다.
여기서 **b, e**는 중심 실이다.

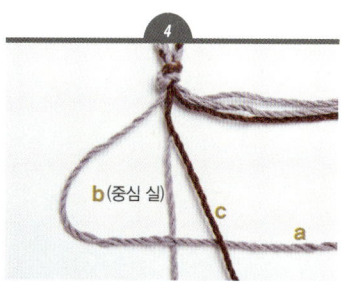

a를 중심 실 **위**에 놓고
c를 **a** 위로 배치한다.

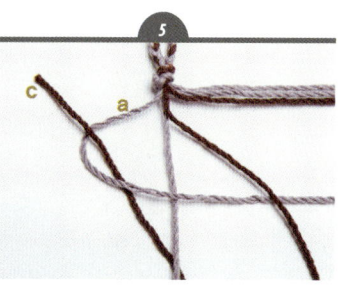

c를 중심 실 **아래**로 통과시켜
a의 고리 **위**로 빼내고
양쪽으로 잡아당긴다.

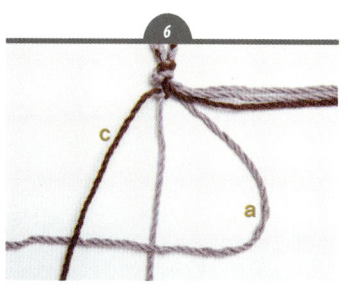

오른쪽으로 옮겨진 **a**를
중심 실 **위**에 놓고 **c**를 **a** 위에 놓는다.

111

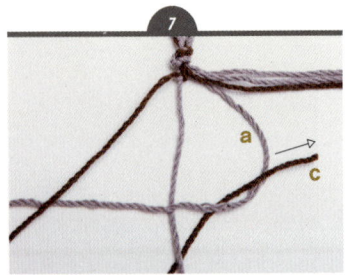

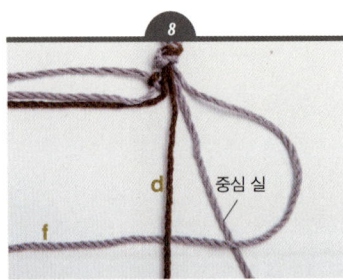

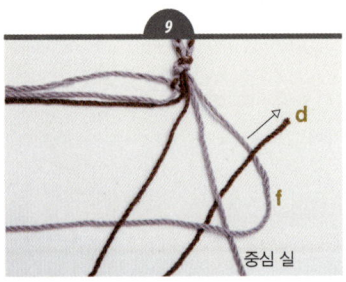

c를 중심 실 **아래**로 통과시켜
a의 고리 **위**로 빼내고
양쪽으로 잡아당긴다.

※ 과정4~과정7까지
왼쪽 평매듭(149p 참조) 1세트.

f를 중심 실 **위**에 놓고
d를 **f 위**로 배치한다.

d를 중심 실 **아래**로 통과시켜
f의 고리 **위**로 빼내고
양쪽으로 잡아당긴다.

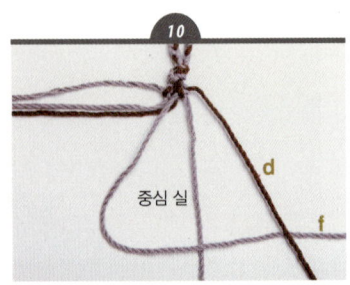

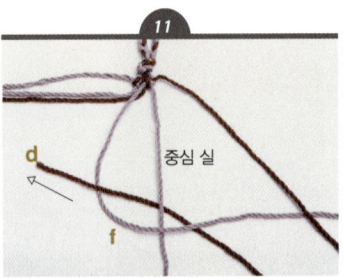

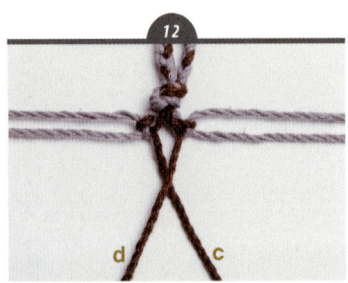

왼쪽으로 옮겨진 **f**를
중심 실 **위**에 놓고 **d**를 **f 위**에 놓는다.

d를 중심 실 **아래**로 통과시켜
f의 고리 **위**로 빼내고
양쪽으로 잡아당긴다.

※ 과정8~과정11까지
오른쪽 평매듭 1세트.

d를 **c 위**로 교차시킨다.

손목둘레에 맞을 때까지 **과정4~과정12**를
반복하고, 길이가 **완성**되면
8cm 정도 남기고 실을 **자른다.**

6개의 실에 **나무볼**을 넣고,
한매듭으로 묶어주고 실을 자른다.

완성.

레이어드 느낌의
좌우엮기 팔찌

실　**매듭실 A** 면 소재, 150cm×6줄
（빨간색, 감색, 노란색, 초록색,
빈티지블루, 보라색）

모델컷 *35 P*

매듭실 6줄의 중간 지점을
집게나 테이프로 고정한 뒤 2줄씩 잡고
4cm 정도 **3줄땋기**를 한다.

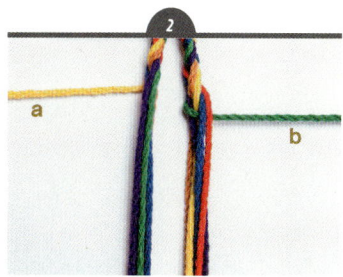

3줄땋기 한 부분을 반으로 접고,
양쪽에 임의의 실을
한 줄씩 꺼내 a와 b로 **배치**한다.

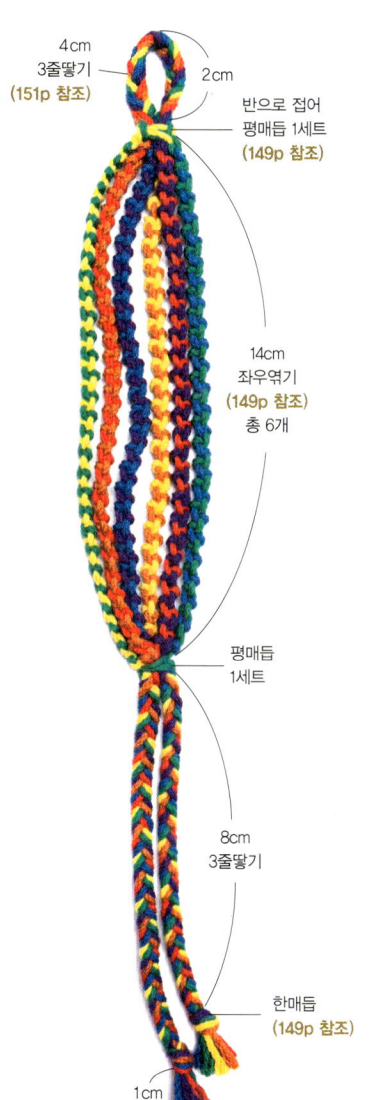

4cm
3줄땋기
(151p 참조)

2cm

반으로 접어
평매듭 1세트
(149p 참조)

14cm
좌우엮기
(149p 참조)
총 6개

평매듭
1세트

8cm
3줄땋기

한매듭
(149p 참조)

1cm

사이즈 손목 둘레 약 15cm

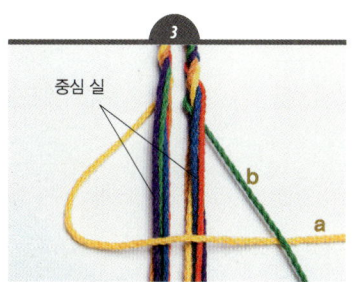

중심 실

a를 중심 실 **위**로 올리고
b를 **a 위**로 배치한다.

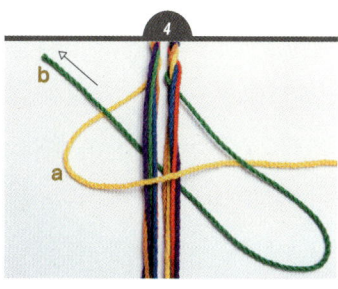

b를 중심 실 **아래**로 통과시켜,
a의 고리 **위**로 빼내고
양쪽으로 잡아당긴다.

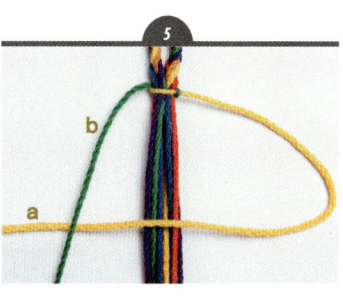

오른쪽으로 옮겨진 **a**를
중심 실 **위**로 놓고 **b**를 **a 위**로 배치한다.

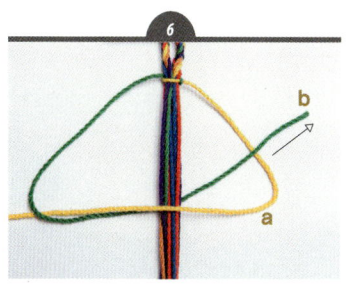

b를 중심 실 **아래**로 통과시켜
a의 고리 **위**로 빼내고
양쪽으로 잡아당긴다.

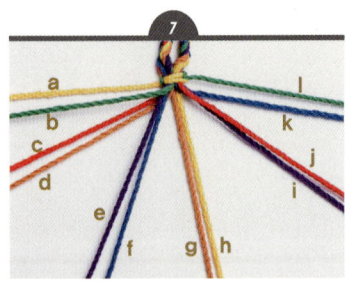

a, b / c, d / e, f / g, h / i, j / k, l의
순서로 배치한다.

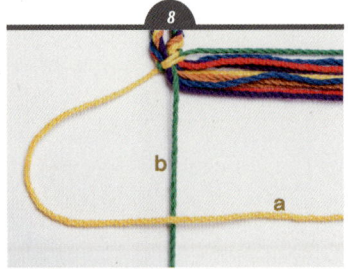

a를 b 위로 올린다.

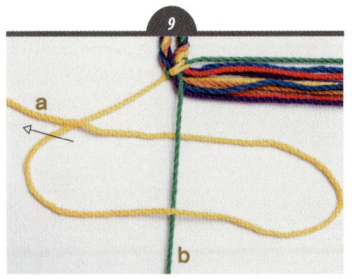

a를 b의 아래로 통과시켜
다시 a의 위로 빼낸다.

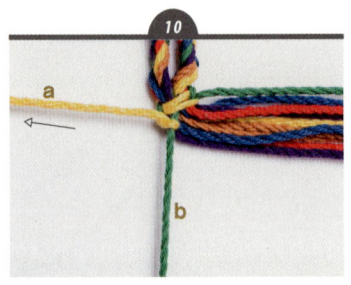

a를 끝까지 잡아당긴다.

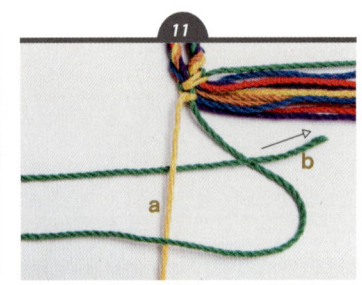

b를 a 위로 올리고,
다시 아래로 통과시켜
b의 위로 빼낸다.
b를 끝까지 잡아당긴다.

※ 과정8~과정11까지
좌우엮기(149p 참조) 1세트.

과정8~과정11을 약 14cm 정도가
될 때까지 반복하고, 같은 방법으로
c, d / e, f / g, h / i, j / k, l도
좌우엮기를 한다.

6가닥의 좌우엮기가 완성되면 과정2~과정
6의 방법으로 평매듭 1세트를 한다.
6줄씩 양쪽으로 나누고 각각 8cm 정도
3줄땋기를 한다.

끝부분을 한매듭으로 마무리하고
실을 잘라낸다.

완성.

4단 레이스엮기 팔찌

실　**매듭실 A** 면 소재, 170cm×4줄
　　　(청록색, 진회색, 감색, 연보라색)
　　　매듭실 B 면 소재, 65cm×1줄
　　　(흰색)

나무볼 10mm 1개

모델컷 *36 P*

4cm
3줄땋기
(151p 참조)
2cm

16cm
레이스엮기
(150p 참조)

나무볼
끼우기

10줄로
한매듭
(149p 참조)
1cm

사이즈 손목 둘레 약 15cm

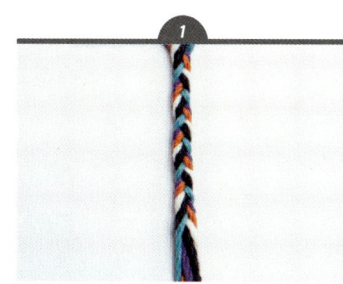

매듭실 5줄의 한쪽 끝을 맞추고
30cm 떨어진 지점을 고정한 뒤
4cm 정도 **3줄땋기**를 한다.

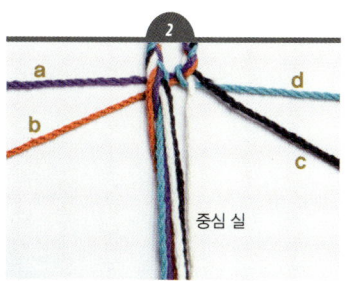

3줄땋기 한 부분을 **반**으로 **접고**
짧은 6줄은 중심 실로 모두 가운데에 배치,
긴 4개의 줄은 엮는 실로
a, b, c, d의 순서로 **배치**한다.

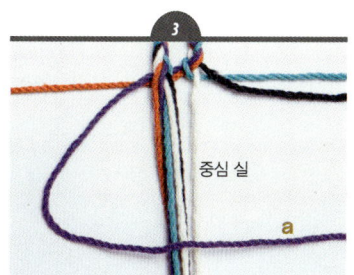

a를 중심 실 **위**로 올린다.

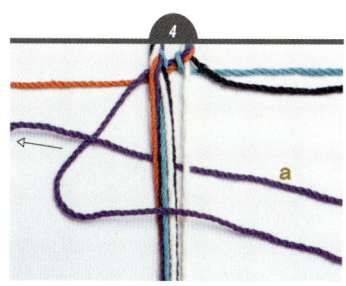

다시 **a**를 중심 실 **아래**로 통과시켜
a의 고리 **위**로 빼내고 잡아당긴다.

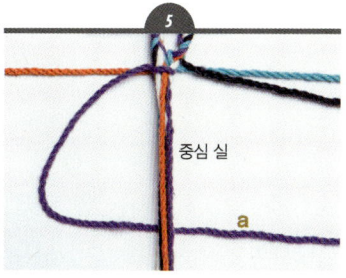

a를 중심 실 **아래**로 놓는다.

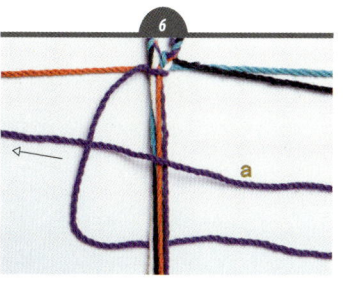

다시 **a**를 중심 실 **위**로 통과시켜
a의 고리 **아래**로 빼내고 잡아당긴다.

※ 과정3~과정6까지 왼쪽 레이스엮기 1세트.

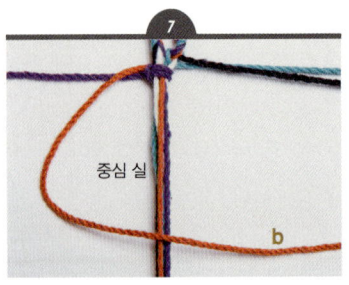

b를 중심 실 **위**로 올린다.

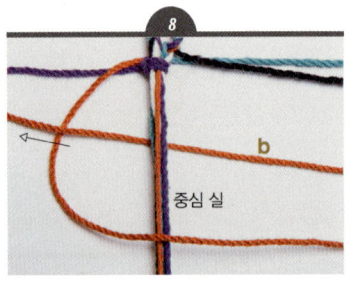

다시 **b**를 중심 실 **아래**로 통과시켜
b의 고리 **위**로 빼내고 잡아당긴다.

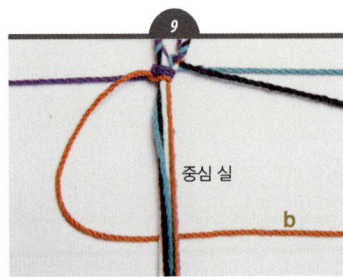

b를 중심 실 **아래**로 놓는다.

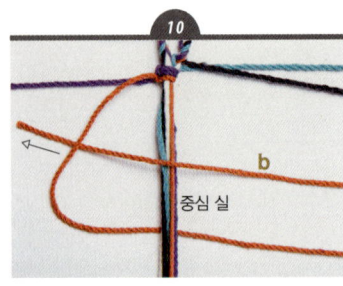

다시 **b**를 중심 실 **위**로 통과시키고
b의 고리 **아래**로 빼내고 잡아당긴다.

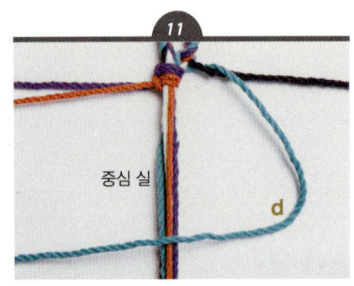

d를 중심 실 **위**로 올린다.

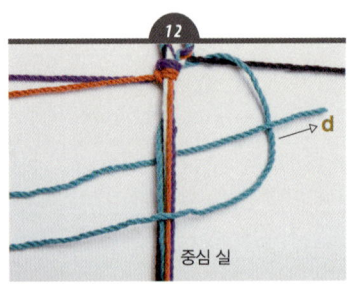

다시 **d**를 중심 실 **아래**로 통과시키고
d의 고리 **위**로 빼내고 잡아당긴다.

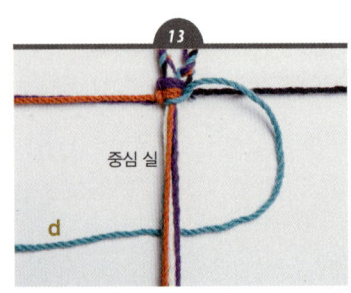

d를 중심 실 **아래**로 놓는다.

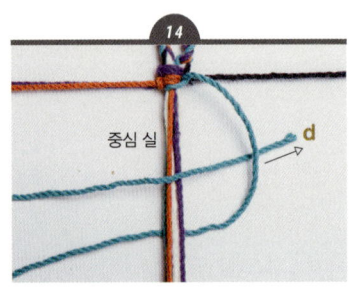

다시 **d**를 중심 실 **위**로 통과시키고
d의 고리 **아래**로 빼내고 잡아당긴다.

※ 과정11~과정14까지 오른쪽 레이스엮기 1세트.

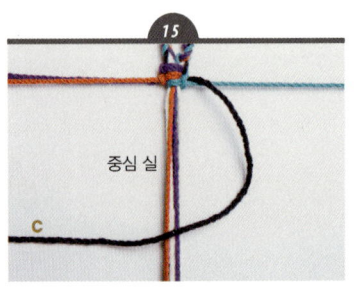

c를 중심 실 **위**로 올린다.

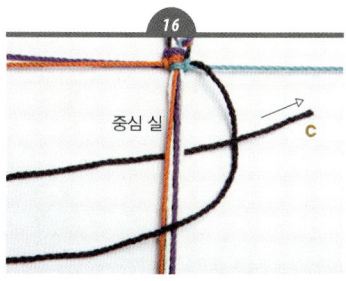

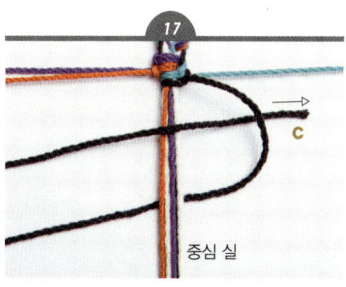

다시 **c**를 중심 실 **아래**로 통과시키고
c의 고리 **위**로 빼내고 잡아당긴다.

c를 중심 실 **아래**로 놓는다.
다시 **c**를 중심 실 **위**로 통과시켜
c의 고리 **아래**로 빼내고 잡아당긴다.

과정3~과정17을 손목둘레에
맞을 때까지 **반복**한다.

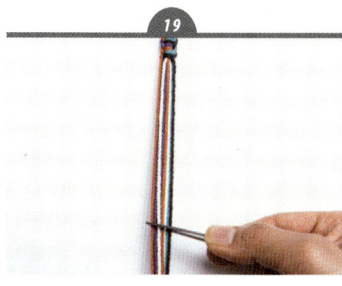

짧은 줄에 맞춰 **긴 줄**을 모두 **자른다.**

10개의 줄 끝에 테이프를 붙이고
나무뿔을 넣는다.

한매듭으로 묶고 실을 자른다.

완성.

말아엮기로 만든
도톰한 팔찌 1

실 **매듭실 A** 면 소재, 150cm×5줄
(검은색, 흰색, 라이트우드, 감색,
빈티지그린)
매듭실 B 면 소재, 75cm×1줄
(자주색)

나무볼 10mm 1개

모델컷 *38P*

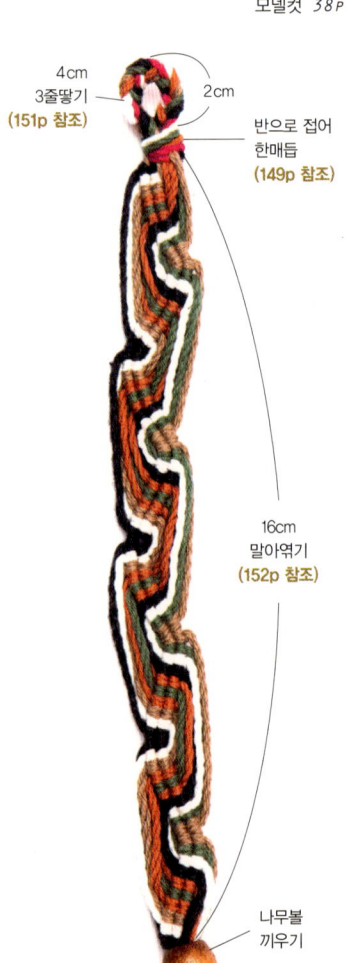

4cm
3줄땋기
(151p 참조)　2cm

반으로 접어
한매듭
(149p 참조)

16cm
말아엮기
(152p 참조)

나무볼
끼우기

12줄로
한매듭

1cm

사이즈 손목 둘레 약 15cm

매듭실 6줄의 중간 지점을
집게나 테이프로 고정하고
실을 2, 2, 2로 나눠서 **4cm** 정도
3줄땋기를 한다.

3줄땋기 한 부분을 반으로 접고
한매듭으로 묶으면 **고리**가 완성된다.

집게나 테이프로 고리를 고정한 뒤
중심 실(**a, b**), 엮는 실
c, d, e, f, g, h, i, j, k, l로 배치한다.

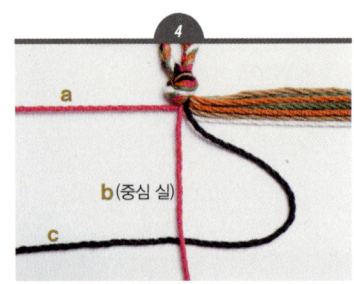

c(엮는 실)를 **b**(중심 실)의 **아래**로 놓는다.

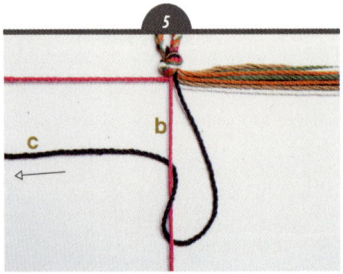

c를 **b**의 위에서 **아래쪽**으로
한 바퀴 감아서
왼쪽으로 빼내고 잡아당긴다.

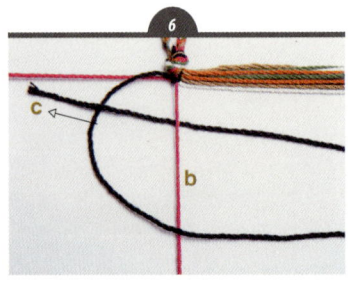

다시 **c**를 **b**의 **위**로 올리고 **아래**로 통과시
켜 **c**의 고리 **위**로 빼내고 잡아당긴다.

※ 과정4~과정6까지 오른쪽 말아엮기 1세트.

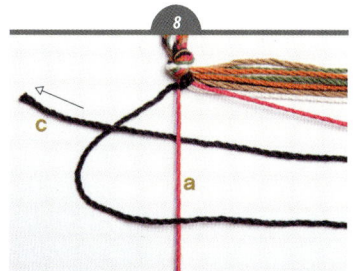

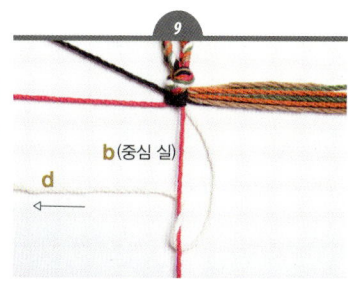

c를 a의 **아래**에서 **위쪽**으로
한 바퀴 감아서
왼쪽으로 빼내고 잡아당긴다.

다시 c를 a의 **위**로 올리고
아래로 통과시켜 c의 고리 **위**로 빼내고
잡아당긴다.

d를 b의 **아래**에서 **위쪽**으로
한 바퀴 감아서 **왼쪽**으로 빼내고
잡아당긴다.

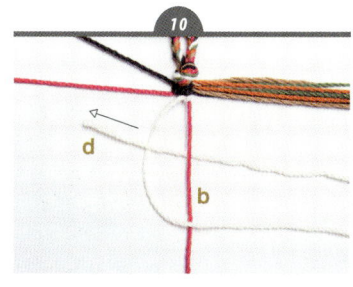

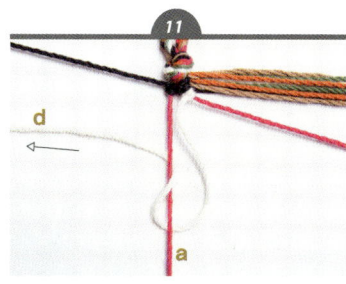

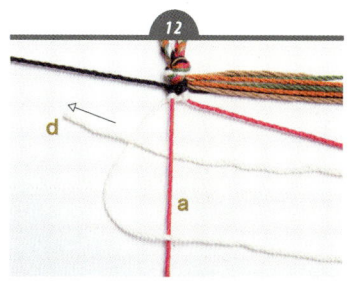

d를 b의 **위**로 올리고 **아래**로 통과시켜
d의 고리 **위**로 빼내고 잡아당긴다.

d를 a의 **아래**에서 **위쪽**으로
한 바퀴 감아서 **왼쪽**으로 빼내고
잡아당긴다.

d를 a의 **위**로 올리고 **아래**로 통과시켜
d의 고리 **위**로 빼내고 잡아당긴다.

과정4~과정8의 방법으로 **e. f. g. h. i. j.
k. l**의 실도 모두 말아엮기를 한다.

※ 반대방향의 말아엮기도 a와 b를 중심 실로 해서
같은 방법으로 진행한다.

손목둘레에 맞을 때까지 **과정4~과정13**을
반복한다. 적당한 길이가 완성되면 12줄의
실을 나무볼에 넣고 한매듭으로 묶는다.

완성.

말아엮기로 만든
도톰한 팔찌 2

실　**매듭실 A** 면 소재, 150cm×4줄
（검은색, 흰색, 청록색, 다홍색）

나무볼 10mm 1개

모델컷 *39p*

매듭실 4줄의 중간 지점을
집게나 테이프로 고정시키고 실을
1, 2, 1로 나눠서
4cm 정도 **3줄땋기**를 한다.

3줄땋기 한 부분을 반으로 접고
한매듭으로 묶으면
고리가 **완성**된다.

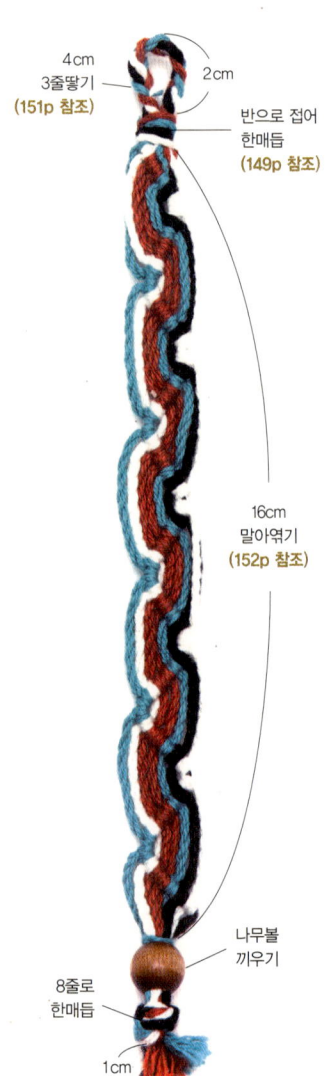

4cm
3줄땋기
(151p 참조)　2cm

반으로 접어
한매듭
(149p 참조)

16cm
말아엮기
(152p 참조)

나무볼
끼우기

8줄로
한매듭

1cm

사이즈 손목 둘레 약 15cm

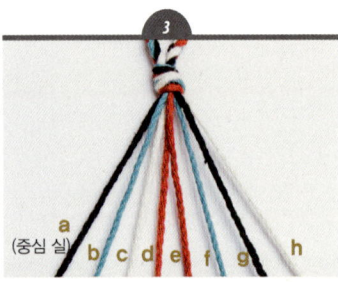

집게나 테이프로 고리를 고정한 뒤
a, b, c, d, e, f, g, h로 배치한다.

※ 만드는 법은 118쪽의 과정4~과정13을
참조하여 말아엮기를 한다.
이때 중심 실은 a 하나로만 한다.

완성.

대칭 말아엮기로
만든 도톰한 팔찌

실　**매듭실 A** 면 소재, 150cm×5줄
　　　(남색, 밝은 회색, 황토색, 다홍색,
　　　인디언그린)
　　　매듭실 B 면 소재, 65cm×1줄
　　　(하늘색)

나무볼 10mm 1개

모델컷 *40P*

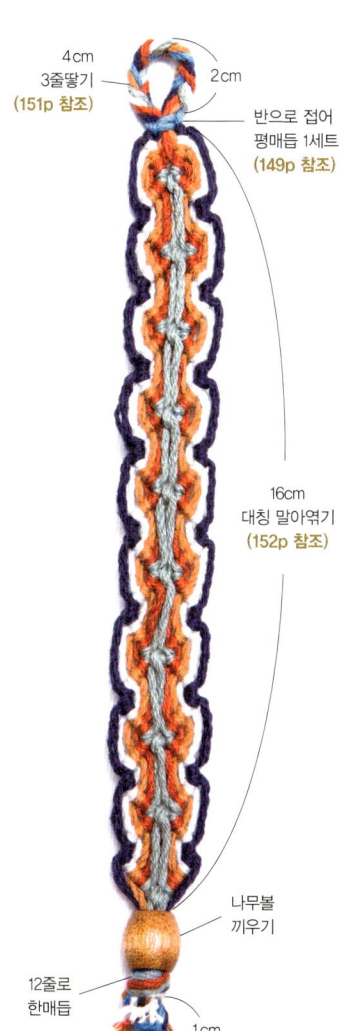

4cm
3줄땋기
(151p 참조)　← 2cm

반으로 접어
평매듭 1세트
(149p 참조)

16cm
대칭 말아엮기
(152p 참조)

나무볼
끼우기

12줄로
한매듭

1cm

사이즈 손목 둘레 약 15cm

매듭실 6줄의 중간 지점을
집게나 테이프로 고정한 뒤
4cm 정도 **3줄땋기**를 한다.

3줄땋기 한 부분을 반으로 접어
집게로 고정하고, 매듭실 **B**(a, b)를
양쪽으로 **배치**한다.
a를 중심 실 **위**로 올리고
b를 **a 위**에 놓는다.

b를 중심 실 **아래**로 통과시켜
a의 고리 **위**로 빼내고
양쪽으로 잡아당긴다.

이번에는 **a**를 중심 실 **위**로 올리고
b를 **a 위**에 놓는다.
b를 중심 실 **아래**로 통과시켜
a의 고리 **위**로 빼내고
양쪽으로 잡아당긴다.

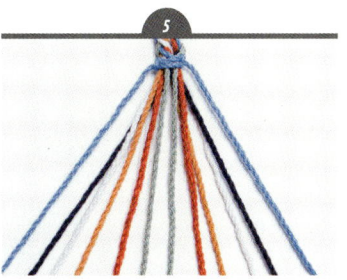

그림의 **순서**로 **대칭이 되도록**
실을 배치한다.

※ 만드는 법은 86쪽 과정9~과정31을 참조.

손목둘레에 맞을 때까지 **반복**하고,
나무볼을 넣고 한매듭으로 **마무리**하여
완성한다.

평매듭 패턴 팔찌

실　**매듭실 A** 면 소재, 150cm×6줄
（인디언그린, 라이트그레이,
인디언핑크, 크림, 라이트초코, 베이지）

나무볼 10mm 1개

모델컷 *42P*

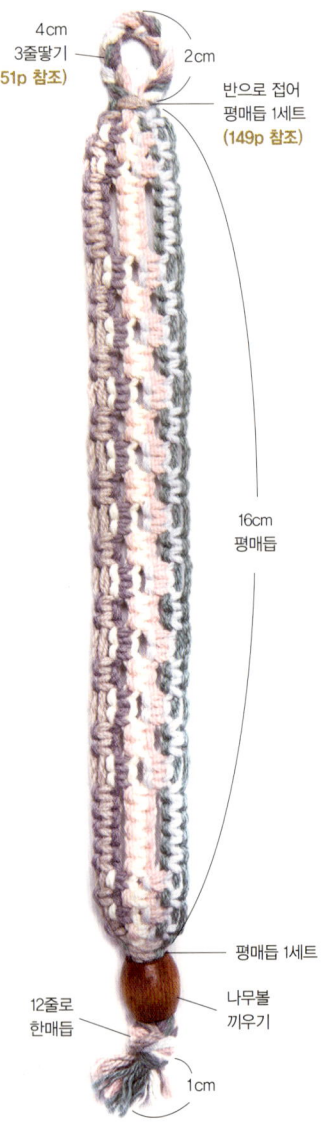

4cm
3줄땋기
(151p 참조)
2cm

반으로 접어
평매듭 1세트
(149p 참조)

16cm
평매듭

평매듭 1세트

12줄로
한매듭

나무볼
끼우기

1cm

사이즈 손목 둘레 약 15cm

매듭실 6줄 중간 지점을 집게로
고정한 뒤 **4cm** 정도 **3줄땋기**를 한다.
3줄땋은 부분을 반으로 접어
평매듭(149p 참조) **1세트**를 해서
고리를 만든다.

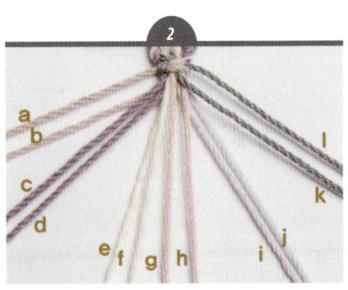

고리를 집게로 고정하고
a, b, c, d / e, f, g, h / i, j, k, l의
순서로 배치한다.

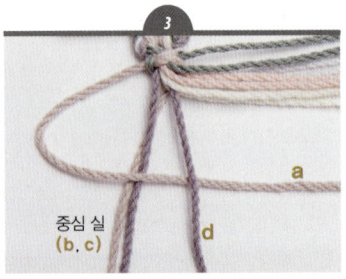

먼저 **a, b, c, d**로 평매듭을 하는데,
이때 **b, c**는 중심 실이 된다.
a를 중심 실 **위**에 놓고 **d**를
a 위로 놓는다.

중심 실
(b, c)

d를 중심 실 **아래**로 통과시켜
a의 고리 **위**로 빼내어
양쪽으로 잡아당긴다

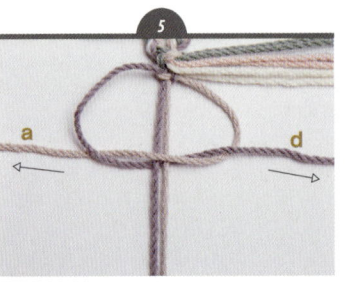

a를 중심 실 **위**에 놓고, **d**를 **a 위**에 놓는
다. **d**를 중심 실 **아래**로 통과시켜 **a**의 고리
위로 빼내어 양쪽으로 잡아당긴다.

※ 과정3~과정5까지 왼쪽 평매듭 1세트.

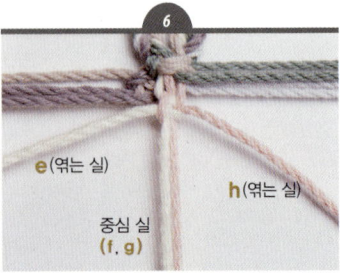

이번에는 **e, f, g, h**도 같은 방법으로 **왼쪽
평매듭 1세트**를 만든다. **e, h**를 엮는 실로
f, g는 중심 실로 놓고 한다.

e (엮는 실)
h (엮는 실)
중심 실
(f, g)

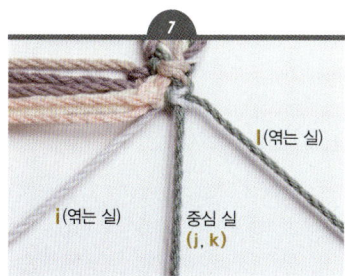

7

i, j, k, l도 같은 방법으로
왼쪽 평매듭 1세트를 만든다.
i, l은 엮는 실로
 j, k를 중심 실로 놓고 한다.

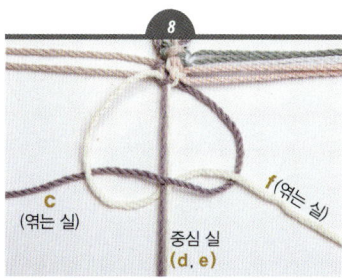

8

중간에 있는 c, d, e, f도 같은 방법으로
왼쪽 평매듭 1세트를 만든다.
c, f는 엮는 실로 d, e를
중심 실로 놓고 한다.

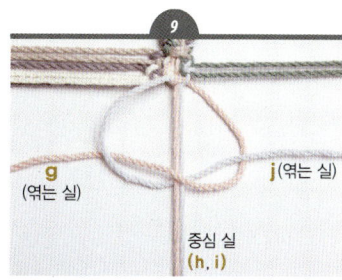

9

역시 중간에 있는 g, h, i, j도
같은 방법으로 왼쪽 평매듭 1세트를 만든다.
g, j는 엮는 실로 h, i는
중심 실로 놓고 한다.

10

각각 왼쪽 평매듭을 **1세트씩** 완성한 모습.

11

과정3~과정10까지 한 번 더 **반복**한다.

12

a, b, c, d로 **왼쪽 평매듭 1세트**를
5번 한다.

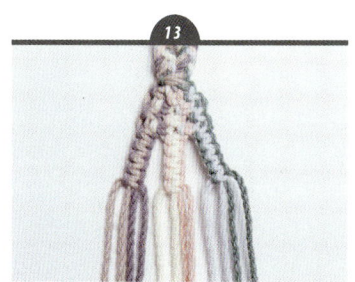

13

e, f, g, h와 i, j, k, l도
왼쪽 평매듭 1세트를 5번씩 한다.

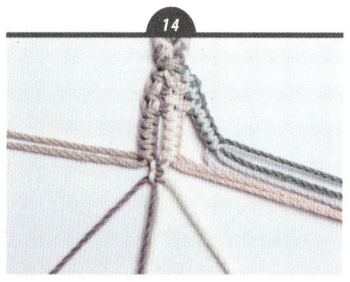

14

c, d, e, f는 왼쪽 평매듭
1세트를 2번 한다.

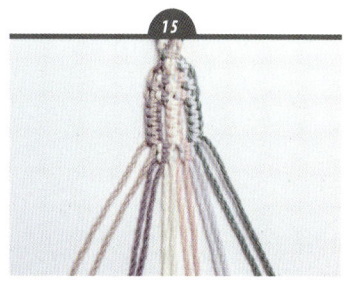

15

g, h, i, j도 왼쪽 평매듭 1세트를 **2번** 한다.

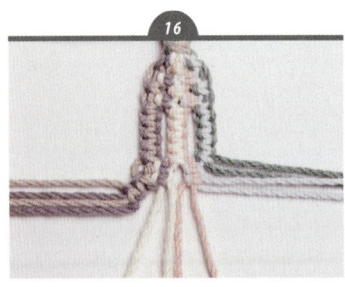

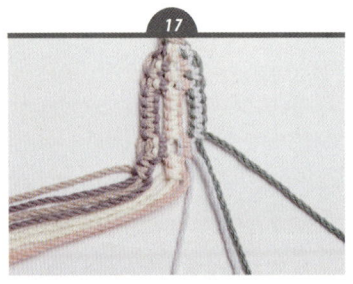

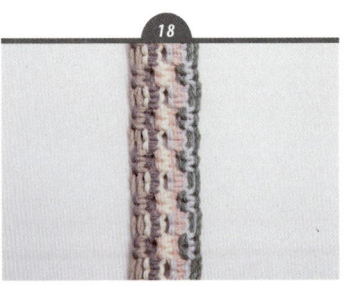

a, b, c, d도 왼쪽 평매듭 1세트를
2번 한다.

e, f, g, h도 왼쪽 평매듭 1세트를
2번 한다. 그리고 나머지 i, j, k, l도
왼쪽 평매듭 1세트를 2번 한다.

과정14~과정17을 약 10cm 정도가
될 때까지 반복한다.

과정12~과정13을 한 번 더 반복하고,
이어서 과정3~과정11을 반복하여
끝 부분이 서로 대칭이 되도록 한다.
손목둘레에 맞는 길이가 완성되면
왼쪽 평매듭 1세트를 해서 묶는다.
12줄을 나무볼에 넣고
한매듭으로 묶어준다.

완성.

칠보매듭
응용 팔찌

실 **매듭실 A** 면 소재, 150cm×6줄
(진한 와인색 2줄, 빨간색 2줄,
감색 2줄)

나무볼 10mm 1개

모델컷 45p

매듭실 6줄의 중간 지점을
테이프나 집게로 고정한 뒤 **4cm** 정도
3줄땋기를 한다(6줄이므로 2줄씩 나눠서
3줄땋기를 한다).

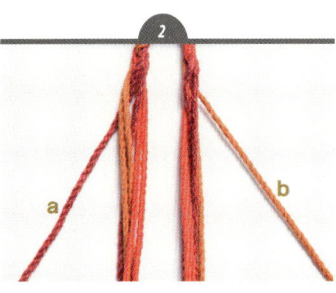

3줄땋기 한 부분을 반으로 접어
집게에 고정한 뒤 **a**와 **b**를 **배치**한다.

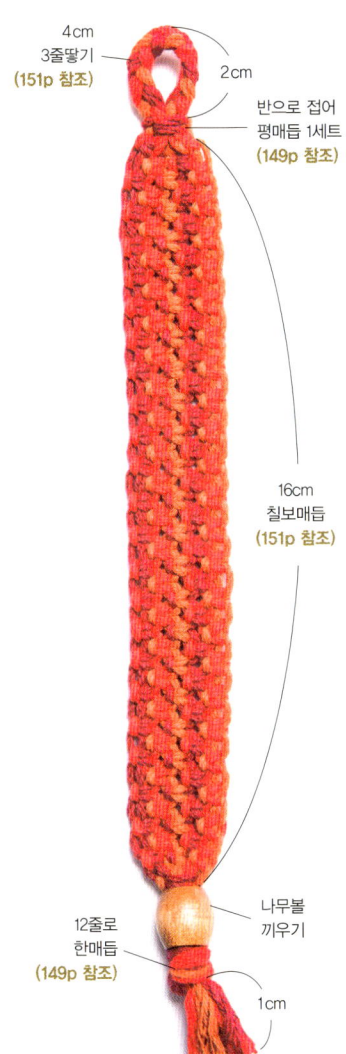

4cm
3줄땋기
(151p 참조)

2cm

반으로 접어
평매듭 1세트
(149p 참조)

16cm
칠보매듭
(151p 참조)

나무볼
끼우기

12줄로
한매듭
(149p 참조)

1cm

사이즈 손목 둘레 약 15cm

a를 중심 실 **위**로 놓고
b를 **a**의 **위**로 놓는다.

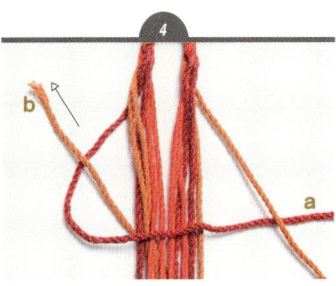

b를 중심 실 **아래**로 통과시켜
a의 고리 **위**로 빼내고
양쪽으로 잡아당긴다.

오른쪽으로 옮겨진 **a**를 중심 실 **위**로 놓고
b를 **a**의 **위**로 놓는다. **b**를 중심 실 **아래**로
통과시켜 **a**의 고리로 빼내고
양쪽으로 잡아당긴다.

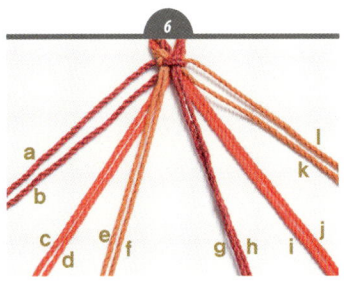

a, **b**, **c**, **d**, **e**, **f**, **g**, **h**, **i**, **j**, **k**, **l**의
순서로 실을 배치한다.

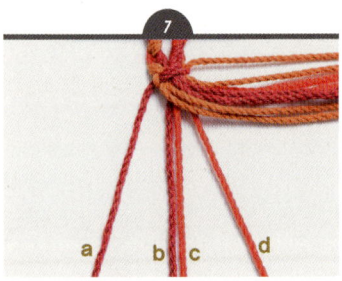

a. b. c. d를 따로 배치한다.

a를 중심 실 **위**로 놓고
b를 **a**의 **위**로 놓는다.

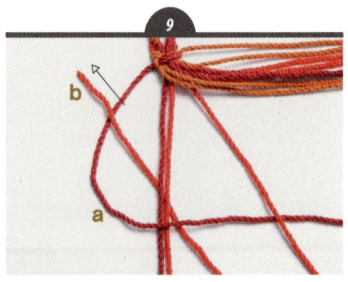

b를 중심 실 **아래**로 통과시켜
a의 고리 **위**로 빼내고
양쪽으로 잡아당긴다.

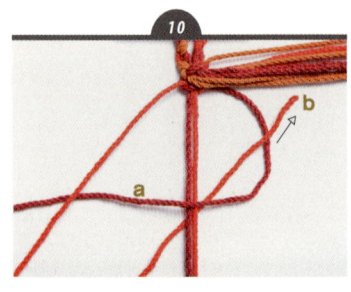

오른쪽으로 옮겨진 **a**를 중심 실 **위**로 놓고
b를 **a**의 **위**로 놓는다.
b를 중심 실 **아래**로 통과시켜
a의 고리로 빼내고
양쪽으로 잡아당긴다.

※ 과정8~과정10까지
왼쪽 평매듭(149p 참조) 1세트.

e. f. g. h를 배치한다.

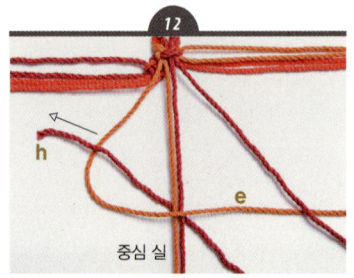

e를 중심 실 **위**로 놓고
h를 **e**의 **위**로 놓는다.
h를 중심 실 **아래**로 통과시켜
e의 고리로 빼내어
양쪽으로 잡아당긴다.

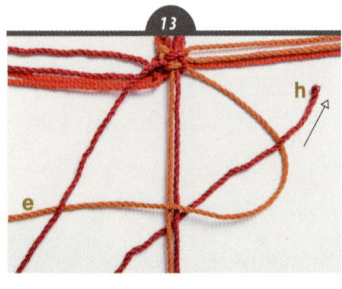

오른쪽으로 옮겨진 **e**를 중심 실 **위**로 놓고
h를 **e**의 **위**로 놓는다. **h**를 중심 실
아래로 통과시켜 **e**의 고리로 빼내어
양쪽으로 잡아당긴다.

i. j. k. l을 배치한다.

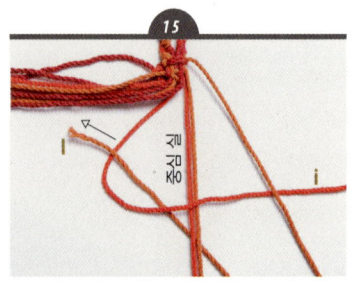

i를 중심 실 **위**로 놓고 **l**을 **i** **위**에 놓는다.
l를 중심 실 **아래**로 통과시켜
i의 고리 **위**로 빼내고 양쪽으로 잡아당긴다.

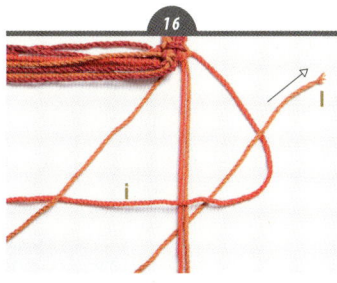

16

오른쪽으로 옮겨진 i를 중심 실 **위**로 놓고
l을 i 위에 놓는다. l를 중심 실 **아래**로
통과시켜 i의 고리 **위**로 빼내고
양쪽으로 잡아당긴다.

17

c, d, e, f를 배치한다.

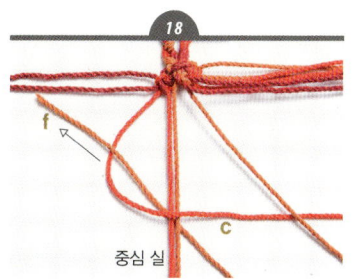

18

c를 중심 실 **위**로 놓고 f를 c **위**에 놓는다.
f를 중심 실 **아래**로 통과시켜
c의 고리로 빼내고 양쪽으로 잡아당긴다.

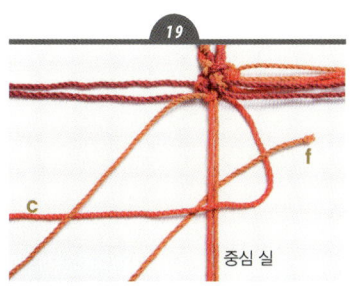

19

오른쪽으로 옮겨진 c를 중심 실 **위**로 놓고
f를 c **위**에 놓는다. f를 중심 실 **아래**로
통과시켜 c의 고리로 빼내고
양쪽으로 잡아당긴다.

20

g, h, i, j를 배치한다.

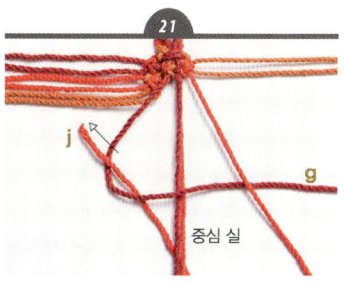

21

g를 중심 실 **위**로 놓고 j를 g **위**에 놓는다.
j를 중심 실 **아래**로 통과시켜
g의 고리로 빼내고 양쪽으로 잡아당긴다.

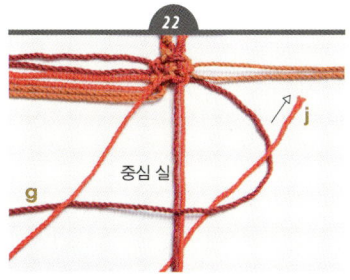

22

오른쪽으로 옮겨진 g를 중심 실 **위**로 놓고
j를 g **위**에 놓는다. j를 중심 실 **아래**로
통과시켜 g의 고리로 빼내고
양쪽으로 잡아당긴다.

23

과정8～과정22를 손목둘레에
맞을 때까지 반복하고, 적당한 길이가 되면
8cm 정도 남기고 실을 자른다.

24

12줄의 실을 나무볼에 넣고
한매듭으로 묶고, 실은 **1cm** 정도 남기고
자르면 완성.

평돌기&평매듭
응용 팔찌

실 **매듭실 A** 면 소재, 150cm×8줄
(연한 베이지색 4줄, 남색 4줄)

모델컷 *46P*

매듭실 8줄의 중간 지점을
테이프나 집게로 고정한 뒤
4cm 정도 **3줄땋기**를 한다.

3줄땋기 한 부분을 **반**으로 접고
집게로 고정시킨다.
a와 **p**를 **양쪽**으로 배치한다.

4cm
3줄땋기
(151p 참조)

2cm

반으로 접어
평매듭 1세트
(149p 참조)

16cm
평돌기 **(150p 참조)**
+
평매듭 **(149p 참조)**

8cm
3줄땋기

한매듭

1cm

사이즈 손목 둘레 약 15cm

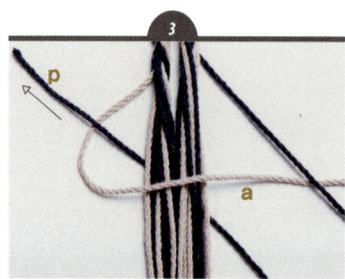

a를 중심 실 **위**로 놓고 **p**를 **a 위**에 놓는다.
다시 **p**를 중심 실 **아래**로 통과시켜
a의 고리 **위**로 빼내고
양쪽으로 잡아당긴다.

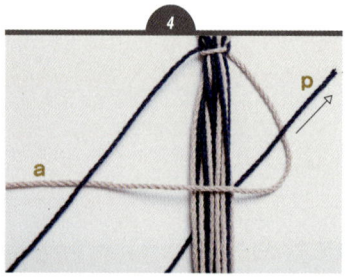

오른쪽으로 옮겨진 **a**를 중심 실
위로 놓고 **p**를 **a 위**에 놓는다.
다시 **p**를 중심 실 **아래**로 통과시켜
a의 고리 **위**로 빼내고
양쪽으로 잡아당긴다.

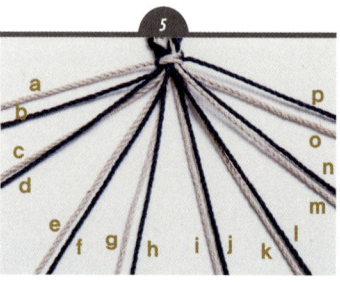

고리를 집게에 고정시키고
**a, b, c, d, e, f, g, h, i, j, k, l, m,
n, o, p**의 순서로 배치한다.

다시 **a, b, c, d**를 배치한다.

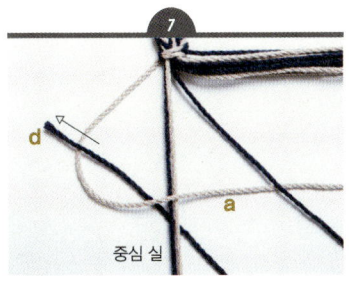

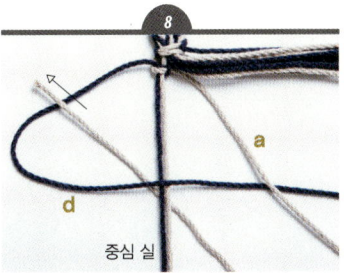

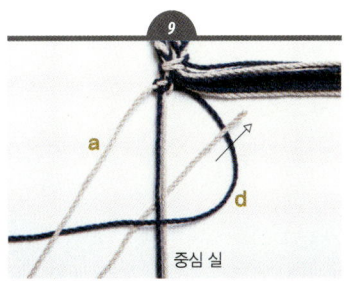

a를 중심 실 **위**에 놓고 **d**를 **a** 위에 놓는다.
다시 **d**를 중심 실 **아래**로 통과시켜
a의 고리 **위**로 빼내고
양쪽으로 잡아당긴다.

d를 중심 실 **위**에 놓고 **a**를 **d** 위에 놓는다.
다시 **a**를 중심 실 **아래**로 통과시켜
d의 고리 **위**로 빼내고
양쪽으로 잡아당긴다.

※ 과정7~과정8까지 왼쪽 평돌기 1세트.

d를 중심 실 **위**로 놓고 **a**를 **d** 위에 놓는다.
다시 **a**를 중심 실 **아래**로 통과시켜
d의 고리 **위**로 빼내고
양쪽으로 잡아당긴다.

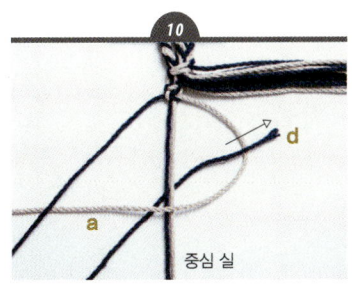

a를 중심 실 **위**에 놓고 **d**를 **a** 위에 놓는다.
다시 **d**를 중심 실 **아래**로 통과시켜
a의 고리 **위**로 빼내고
양쪽으로 잡아당긴다.

※ 과정9~과정10까지 오른쪽 평돌기 1세트.
※ 왼쪽·오른쪽 평돌기를 하는 과정에서 자연스럽
게 평매듭(과정8~과정9)이 완성된다.

e, f, g, h / i, j, k, l / m, n, o, p도
과정7~과정10의 방법으로
매듭을 **반복**한다.
매듭이 각각 완성된 모습.

c, d, e, f / g, h, i, j / k, l, m, n도
과정7~과정10의 방법으로
매듭을 **반복**한다.

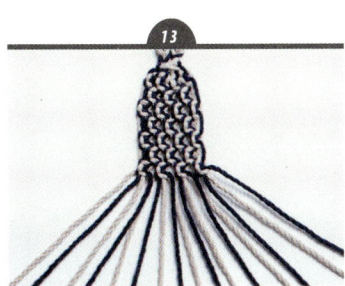

손목둘레에 맞을 때까지
과정7~과정12를 계속 **반복**한다.

적당한 길이가 되면 양쪽으로 **8줄씩 나누고**
8cm 정도 3줄땋기를 한다(실이 8개이므로
3, 2, 3으로 나눠서 3줄땋기를 한다). 끝부분
은 **한매듭**으로 **묶고** 실을 자른다.

완성.

합장매듭 팔찌

실 **매듭실 A** 레이온실(인견줄),
100cm×1줄(갈색)

나무볼 10mm 1개

모델컷 *50 P*

2cm

한매듭
·(149p 참조)

13cm
합장매듭

3cm

나무볼
끼우기

한매듭

1cm

사이즈 손목 둘레 약 15cm

오른손으로 매듭실 **A**를 반으로 접어
1cm 정도 남기고 잡는다.

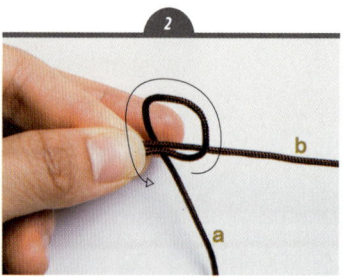

이제 손을 바꿔 왼손으로 **1cm** 정도
남긴 부분을 잡는다. **두 가닥**의 실 중에서
a로 **b**를 감싼다.

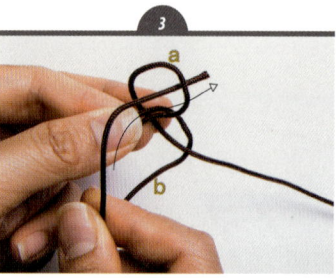

b를 **a**의 **아래**로 놓고,
다시 **a**의 고리 **안**으로 넣는다.

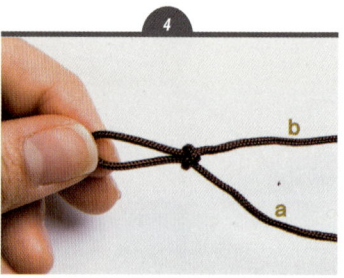

b를 바깥쪽으로 쭉 빼내고
a와 **b**를 당긴다.

과정2~과정4를 손목둘레보다
3cm 정도 모자랄 때까지 **반복**한다.

적당한 길이가 되면 2줄을 나무볼에 넣고
한매듭을 묶은 **뒤** 실을 잘라 **완성**.

도래매듭 길이조절 팔찌

실 **매듭실 A** 레이온실(인견줄),
100cm×2줄(갈색, 검은색)
매듭실 B 레이온실(인견줄),
20cm×1줄(갈색)

모델컷 *51 P*

1cm — 한매듭

10cm

14cm
도래매듭

10cm

한매듭 — 1cm

사이즈 손목 둘레 약 15cm

매듭실 **A**와 **B**의 실 끝을 맞추고
10cm 떨어진 지점부서 시작한다.

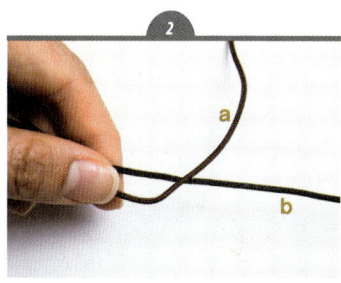

a를 **b** 위로 올린다.

a로 **b**를 감싼다.

고리를 만든 뒤 **a**를 **a**의 고리에 넣는다.

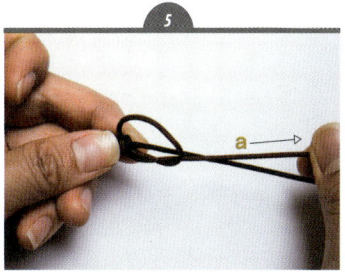

a를 **바깥쪽**으로 빼낸다.

만든 고리를 360도 **회전**시킨다.

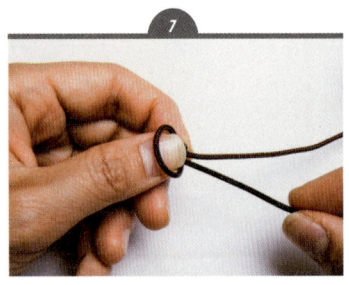

360도 회전시킨 모습.

a 고리에 맞춰 **b**로도 고리를 만든다.

b를 **a**의 **아래**에 놓는다.

b를 **a**와 **b** 고리 안으로 넣는다.

통과한 **b**를 **안쪽**으로 놓는다.

도래매듭의 **완성** 모습.

10cm 정도가 될 때까지 **과정2~ 과정12**를 반복하고 **양끝**을 한매듭으로 묶는다.

양끝에 평매듭으로 길이조절 부분을 만들어 주면 **완성.**

※ 평매듭으로 길이조절 부분 만드는 법은 143쪽 과정10~과정14 참조.

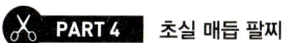

평돌기 길이조절 팔찌

실 **매듭실 A** 초실, 40cm×1줄(초록색)
　　　매듭실 B 초실, 100cm×1줄(초록색)
　　　매듭실 C 초실, 15cm×1줄(초록색)

앤틱메탈볼 1개

모델컷 *55 P*

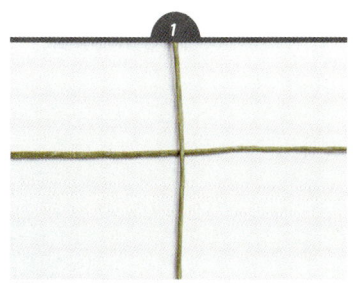

매듭실 **A**의 **10cm** 떨어진 지점을
고리에 고정한 뒤
매듭실 **B**의 중심을 맞춰
가로로 **배치**한다.

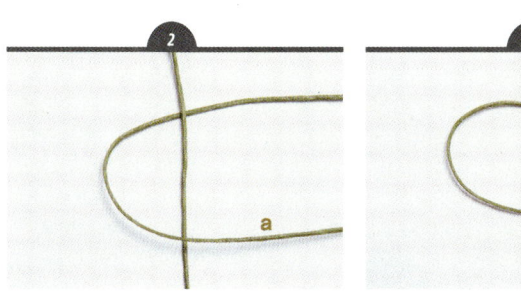

a를 중심 실 **위**로 놓는다.

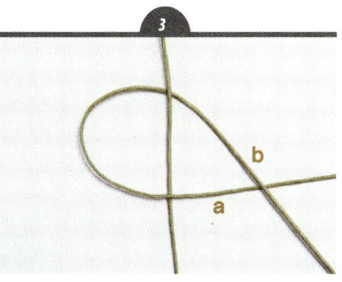

b를 **a** 위로 놓는다.

한매듭
(149p 참조)

10cm

앤틱메탈볼
넣기

10cm
평돌기
(150p 참조)

10cm

한매듭

사이즈 손목 둘레 약 15cm

133

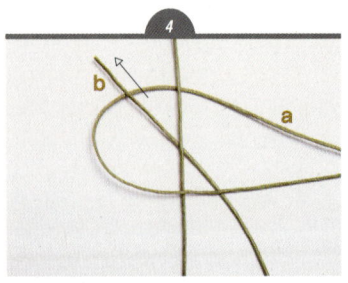

b를 중심 실 **아래**로 통과시켜
a의 고리로 빼내고
양쪽으로 잡아당긴다.

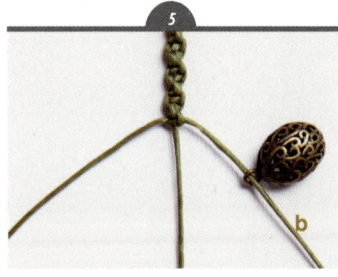

과정2~과정4를 **5cm** 정도 될 때까지
반복하고 **앤틱메탈볼**을 **b**에 넣는다.

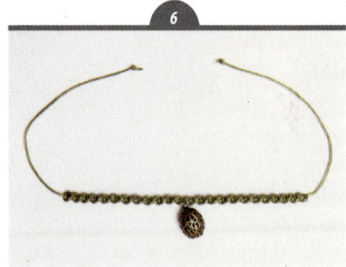

과정2~과정4를 **5cm** 정도 더 **반복**하고
양 끝부분은 한매듭으로 묶어준다.

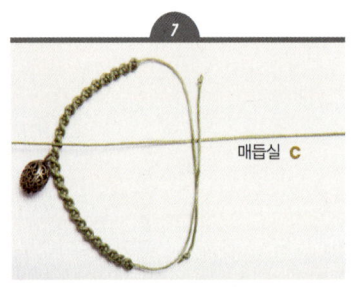

매듭실 **C**

양끝의 실을 겹쳐두고 매듭실 **C**를
가운데 위치하도록 배치한다.

과정2~과정4를 **10회** 반복한다.

남은 실은 **3mm** 정도로 자르고
끝부분을 불로 녹여 마무리한다.

완성.

한매듭 길이조절
팔찌

실　　**매듭실 A** 초실, 50cm×2줄(흰색)
　　　　매듭실 B 초실, 15cm×1줄(흰색)

실버볼 22개

모델컷 *56*P

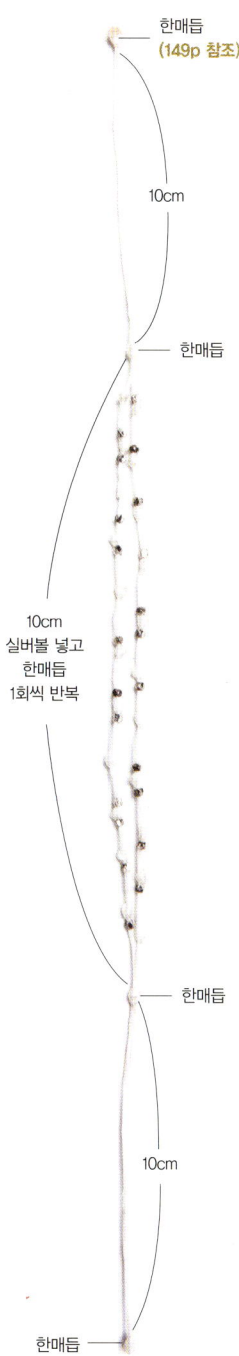

한매듭
(149p 참조)

10cm

한매듭

10cm
실버볼 넣고
한매듭
1회씩 반복

한매듭

10cm

한매듭

사이즈 손목 둘레 약 15cm

만드는 법

1. 실 두 개의 끝을 맞추고 **10cm** 떨어진 지점을 한매듭으로 묶는다.
2. 실버볼을 넣는다.
3. 한매듭으로 묶어준다.
4. 두 줄을 **과정2~과정3**과 같은 방법으로 **10cm** 정도 더 **반복**한다.
5. 마지막은 처음과 같이 한매듭으로 두 줄을 묶는다.
6. **양끝** 줄을 겹쳐두고 **평매듭 3세트**로 길이조절 부분을 만든다
   (143쪽의 과정10~과정14 참조).
7. 초실의 끝부분을 불로 녹여 마감한다.

실버 장식 길이조절 팔찌

실 **매듭실 A** 초실, 50cm×2줄(회색)
 매듭실 B 초실, 15cm×1줄(회색)

실버파이프 5개

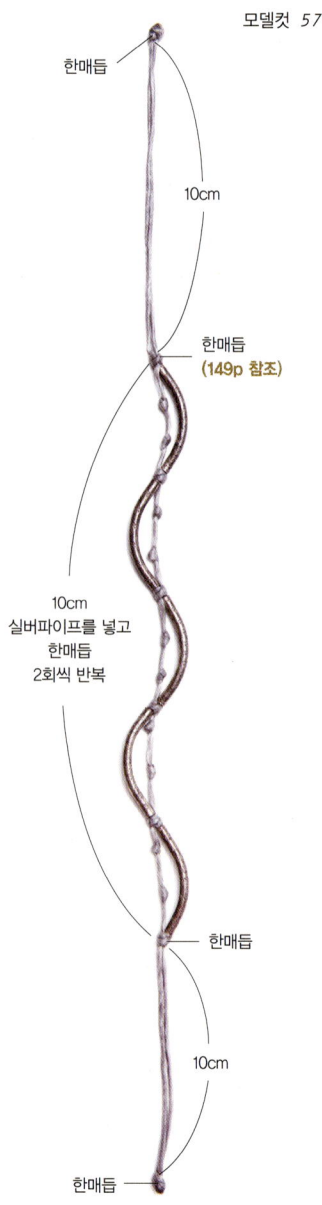

모델컷 *57P*

한매듭

10cm

한매듭
(149p 참조)

10cm
실버파이프를 넣고
한매듭
2회씩 반복

한매듭

10cm

한매듭

사이즈 손목 둘레 약 15cm

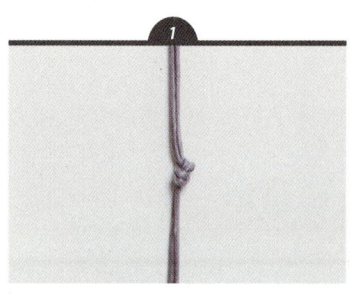

실 두 개의 끝을 맞추고
10cm 정도 떨어진 지점을
한매듭으로 묶는다.

b에 실버파이프를 넣는다.

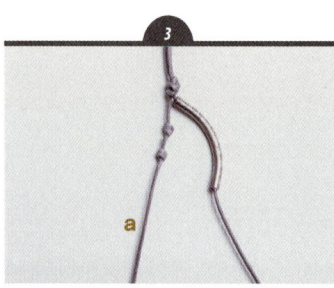

a를 한매듭으로 2번 매듭짓는다.

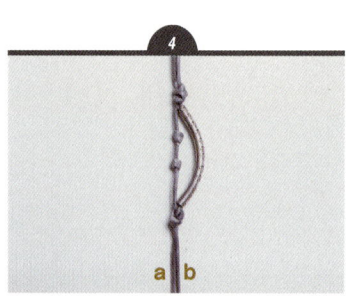

ab를 함께 한매듭으로 묶는다.

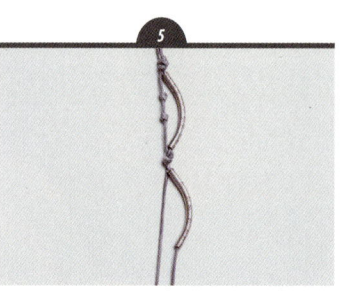

과정2~과정4를 4회 더 **반복**한다.

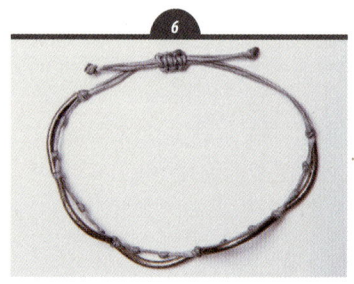

양끝 줄을 겹쳐두고 **평매듭** 3세트로
길이조절 부분을 만든다.
※ 길이조절 부분 만드는 법은
143쪽 과정10~과정14 참조.
※ 초실의 끝부분을 불로 녹여 마감한다.

옥석 포인트
길이조절 팔찌

실	**매듭실 A** 초실, 50cm×4줄
	(검은색 2줄, 갈색 2줄)
	매듭실 B 초실, 15cm×1줄
	(갈색)

실버볼	10개
옥석	5개
작은 나무볼	5개

모델컷 *58P*

한매듭
(149p 참조)

10cm

한매듭

10cm
실버몰, 옥석,
나무볼을 넣고
한매듭
1회씩 반복

한매듭

10cm

한매듭

사이즈 손목 둘레 약 15cm

※ 길이조절 부분 만드는 법은 143쪽 과정10~과정14 참조.
※ 초실의 끝부분을 불로 녹여 마감한다.

레이어드 팔찌

실 **매듭실** 초실, 80cm×6줄
(진갈색)

실버볼 30개
나무볼 40개
마감 실버볼 10mm 1개

모델컷 *60P*

4cm
3줄땋기
(151p 참조)

2cm

반으로 접어
평매듭 1세트
(149p 참조)

15cm
장식 넣고
한매듭 1회씩 반복

마감 실버볼
끼우기

한매듭

1cm

사이즈 손목 둘레 약 15cm

6개의 실의 중간 지점을 집게로
고정한 뒤 2줄씩 나눠서
4cm 정도 **3줄땋기**를 한다.

3줄땋기 한 부분을 **반**으로 **접는다.**

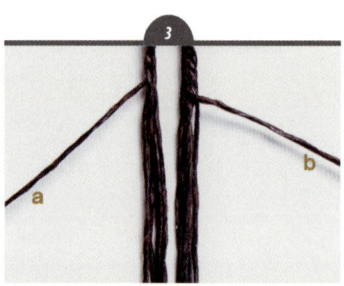

가장자리 실을 한 줄씩 빼내어
a, b로 배치한다.

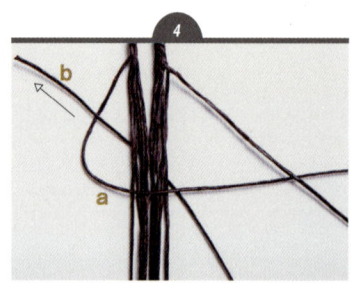

a를 중심 실 **위**로 놓고 **b**를 **a** 위에 놓는다.
다시 **b**를 중심 실 **아래**로 통과시켜
a의 고리로 빼내고 양쪽으로 잡아당긴다.

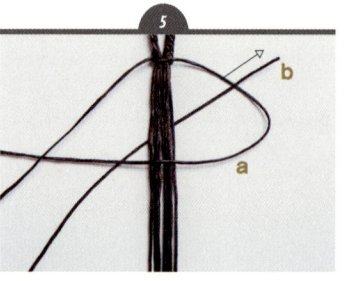

오른쪽으로 옮겨진 **a**를 중심 실 **위**로 놓고
b를 **a** 위에 놓는다. 다시 **b**를 중심 실
아래로 통과시켜 **a**의 고리로 빼내고
양쪽으로 잡아당긴다.

한가닥의 실에 **실버볼**을 넣는다.

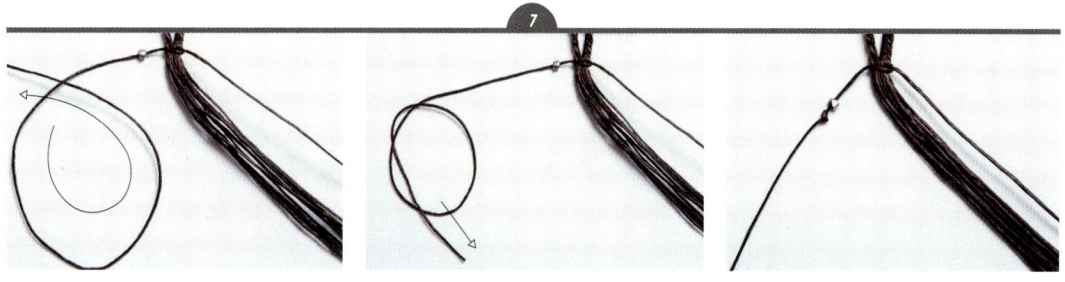

한매듭으로 묶는다.

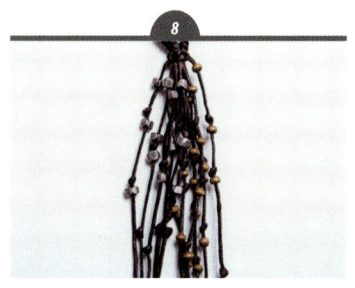

8

5개의 실버볼이 들어가도록
15cm 안에서 **불규칙한** 간격으로
과정6~과정7을 반복한다.

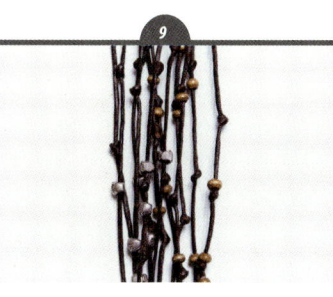

9

6개의 줄에는 **실버볼**, 다른 6개의 줄에는
나무볼(나무볼은 8개씩)을 넣는다.

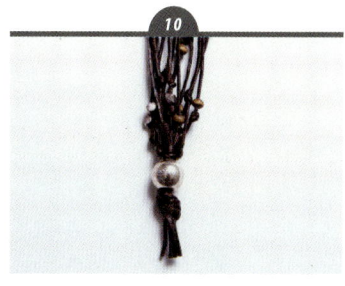

10

끝부분은 마감 실버볼을 넣고
한매듭으로 묶는다.

11

완성.

오링 포인트 팔찌

실 **매듭실 A** 초실, 70cm×1줄(빨간색)
  매듭실 B 초실, 70cm×2줄(갈색)
  매듭실 C 초실, 30cm×2줄(갈색)
  매듭실 D 초실, 15cm×1줄(갈색)

오링 지름 3cm

모델컷 *61P*

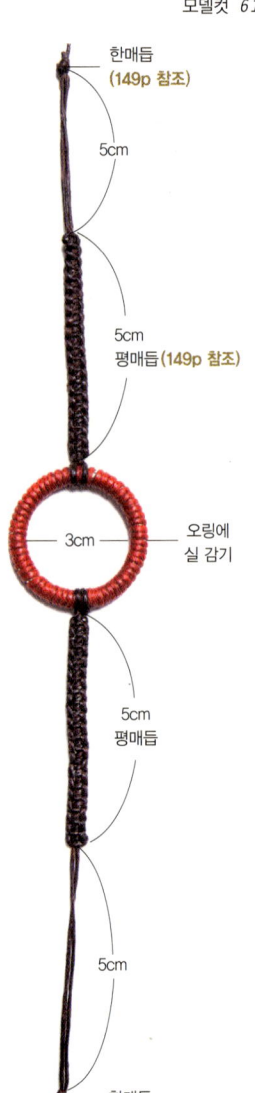

한매듭
(**149p 참조**)

5cm

5cm
평매듭(**149p 참조**)

3cm ─── 오링에
실 감기

5cm
평매듭

5cm

한매듭

사이즈 손목 둘레 약 15cm

오링에 매듭실 **A**를 촘촘하게 **감는다**.

끝부분을 불로 살짝 **녹여서** 마감한다.

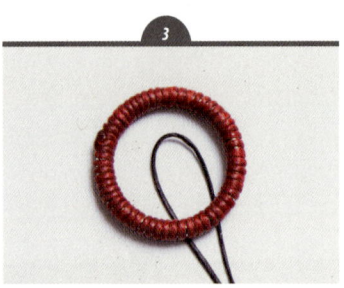

매듭실 **C**를 반으로 접어
오링 **아래**에 놓는다.

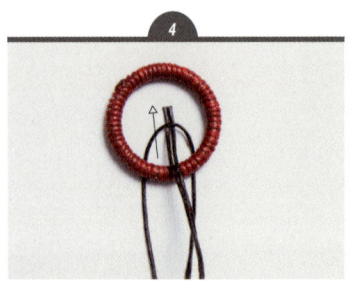

초실의 끝자락을 오링의 **위쪽**을 지나
초실의 고리 **아래**로 통과시킨다.

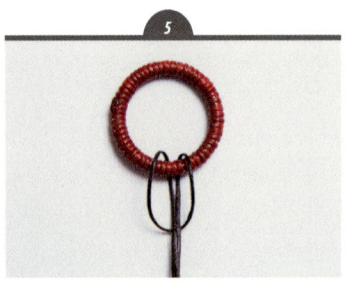

초실 끝부분을 **아래쪽**으로 놓는다.

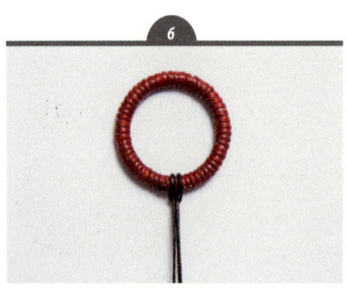

바짝 잡아당긴다.

매듭실 **B**를 **가로**로 배치한다.

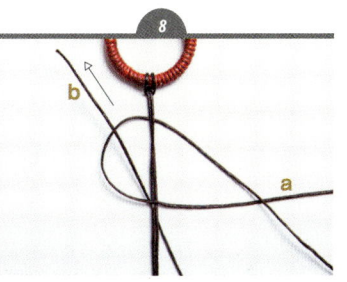

a를 중심 실 **위**로 올리고,
b를 **a** **위**에 놓는다.
다시 **b**를 중심 실 **아래**로 통과시켜
a의 고리 **위**로 빼내고 잡아당긴다.

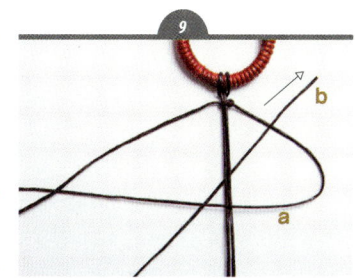

오른쪽으로 이동한 **a**를 중심 실 **위**로
올리고, **b**를 **a** **위**에 놓는다.
다시 **b**를 중심 실 **아래**로 통과시켜
a의 고리 **위**로 빼낸다.

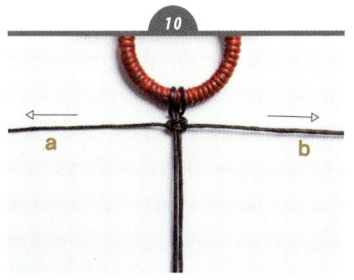

a와 **b**를 양쪽으로 잡아당긴다.

※ 과정8~과정9까지 평매듭 1세트.

과정8~과정10을 **반복**해서
평매듭 **5cm** 정도를 **완성**한다.

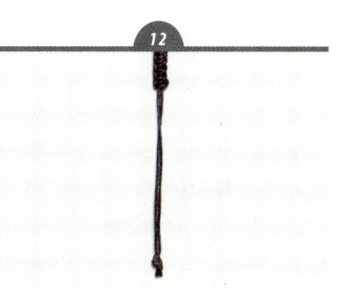

반대쪽도 **과정3~과정11**의 방법으로
만들고, 양끝을 한매듭으로 묶고
마무리한다.

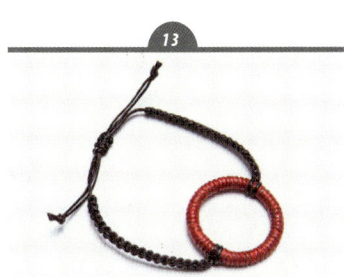

양끝을 겹쳐두고 매듭실 **D**로
평매듭을 **3세트** 하여
길이조절 부분을 만들면 **완성**.

※ 길이조절 부분 만드는 법은
143쪽 과정10~과정14 참조.

평매듭 길이조절 팔찌

실 **매듭실 A** 초실, 40cm×3줄
(갈색)
매듭실 B 초실, 15cm×1줄
(갈색)

터키석 18개

모델컷 *62P*

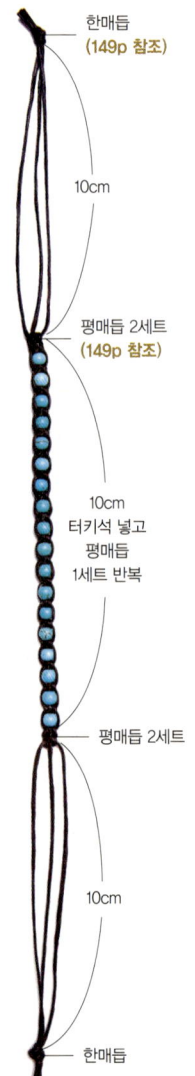

한매듭
(149p 참조)

10cm

평매듭 2세트
(149p 참조)

10cm
터키석 넣고
평매듭
1세트 반복

평매듭 2세트

10cm

한매듭

사이즈 손목 둘레 약 15cm

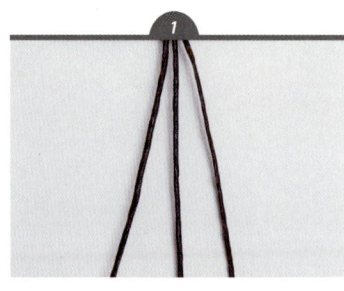

매듭실 **A** 3줄의 한쪽 끝을 맞추고
10cm 떨어진 부분을 집게나 테이프로
고정한다.

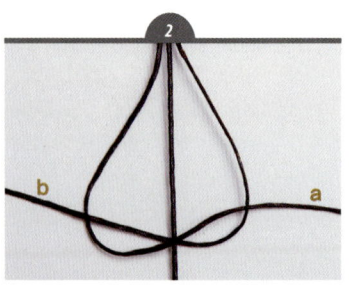

a를 중심 실 **위**에 놓고 **b**를 **a** **위쪽**에서
중심 실 **아래쪽**으로 통과시켜
a의 고리로 빼낸 후 양쪽으로 당긴다.

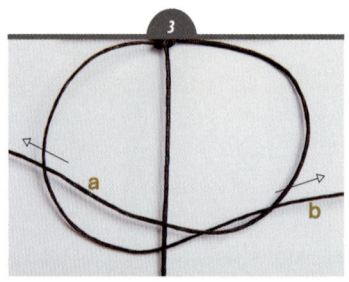

오른쪽으로 옮겨진 **a**를 중심 실 **위**에 놓고
b를 **a**의 **위쪽**에서 중심 실 **아래쪽**으로
통과시켜 **a**의 고리 **위**로 빼낸다.
a와 **b**를 양쪽으로 당긴다.

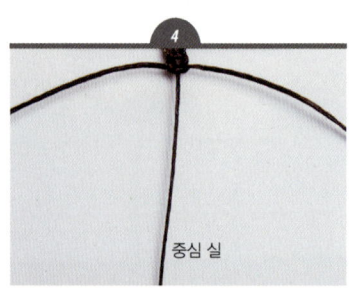

과정2~과정3를 한 번 더 **반복**한다.

중심 실

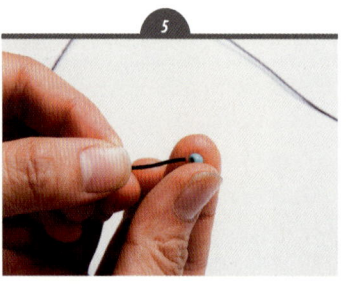

중심 실에 **원석**을 넣는다.

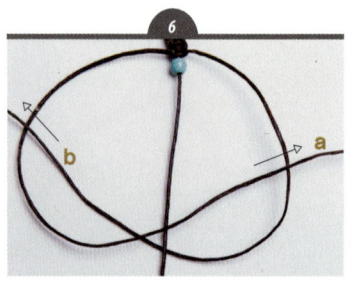

a를 중심 실 **위**에 놓고 **b**를 **a**의 **위**에서
중심 실 **아래쪽**으로 통과시켜 **a**의 고리로
빼낸다. **b**와 **a**를 양쪽으로 당긴다.

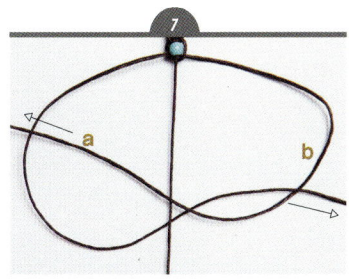

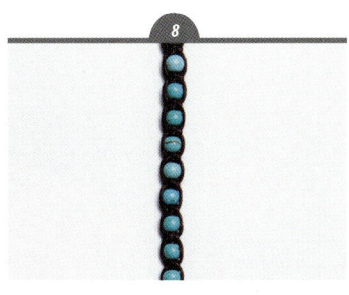

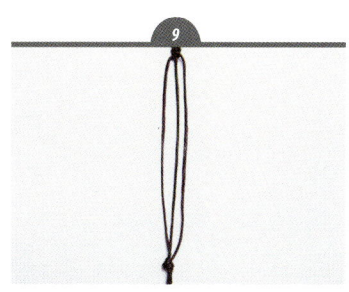

오른쪽으로 옮겨진 **a**를 중심 실 **위**에 놓고 **b**를 **a**의 **위**에서 중심 실 **아래쪽**으로 통과시켜 **a**의 고리로 빼내어 양쪽으로 당긴다.

과정5~과정7을 **10cm** 정도 반복한다.

과정2~과정4를 한 번 더 **반복**한 뒤 **10cm** 정도 떨어진 지점에서 **3줄**을 한매듭으로 묶고 실을 자른다.

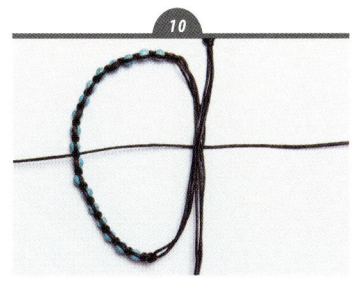

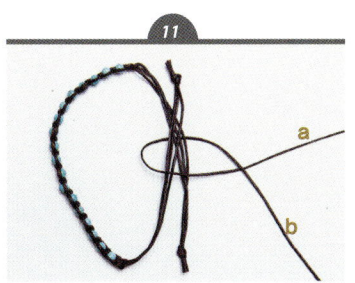

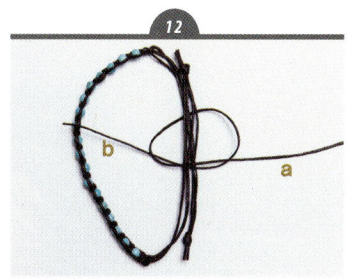

10cm 남긴 부분을 겹치고, 매듭실 **B**를 가운데 **위**치하도록 가로로 배치한다.

a를 중심 실 **위**에 놓고 **b**를 **a** **위**에 놓는다.

b를 중심 실 **아래**로 통과시켜 **a**의 고리 **위**로 빼낸 후 양쪽으로 당긴다.

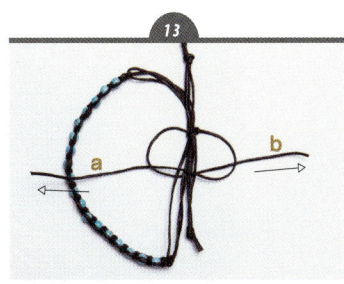

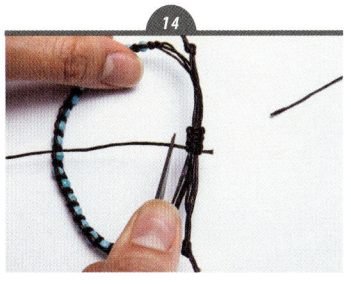

오른쪽으로 옮겨진 **a**를 중심 실 **위**에 놓고 **b**를 **a**의 **위**에서 중심 실 **아래쪽**으로 통과시켜 **a**의 고리 **위**로 빼낸 후 양쪽으로 당긴다.

과정11~과정13을 두 번 더 반복한다. 남은 실은 짧게 자르고 **불로 녹여** 마감한다.

완성.

고리 장식
원석 팔찌

실 **매듭실 A** 초실, 70cm×2줄(갈색)
　　　 매듭실 B 초실, 40cm×1줄(갈색)

오링　 2개
게고리　1개
마노석　22개

모델컷 *62p*

게고리 장식

오링

평매듭 2세트

16cm
마노석을 넣고
평매듭 1세트, 반복

평매듭 2세트

오링 끼우기

사이즈 손목 둘레 약 15cm

※ **평매듭 길이조절 팔찌**와 같은 방법으로 만드는데,
　 매듭실 A는 엮는 실로 매듭실 B는 중심 실로 하여
　 마감 부분만 고리를 채우는 방식이다.

도구와 기법

도구

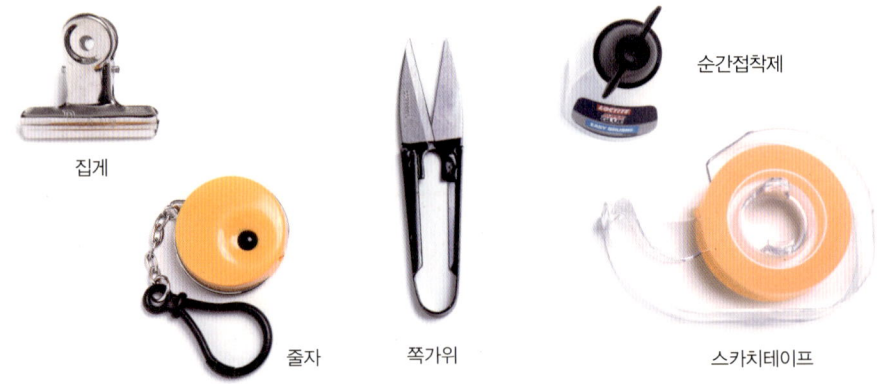

집게

줄자

쪽가위

순간접착제

스카치테이프

재료

● **실 종류**

면사

초실

실크사

노끈

인견줄

십자수실

● **부속 재료**

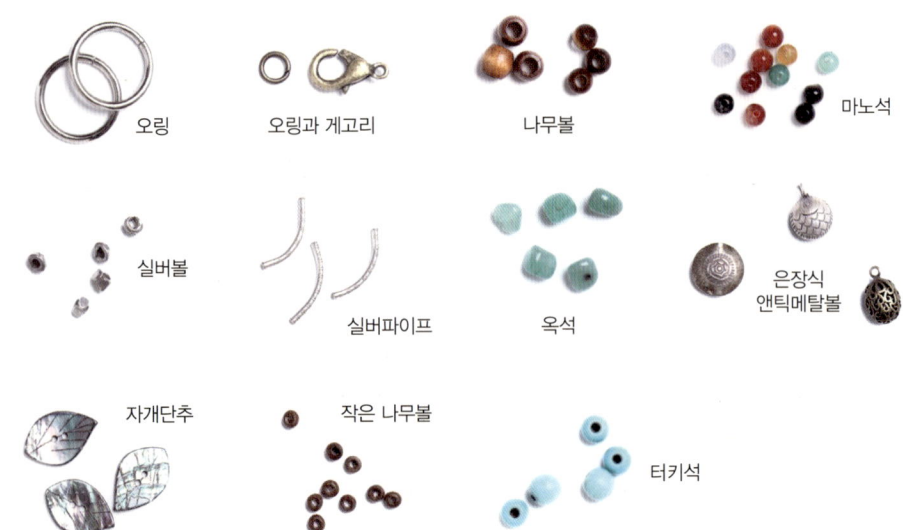

오링

오링과 게고리

나무볼

마노석

실버볼

실버파이프

옥석

은장식
앤틱메탈볼

자개단추

작은 나무볼

터키석

(1) 엮는 실과 중심 실

매듭 실은 엮는 실과 중심 실로 나뉘는데, 실제 모양을 내는 것이 엮는 실이고, 중심축이 되는 실이 중심 실이 된다.

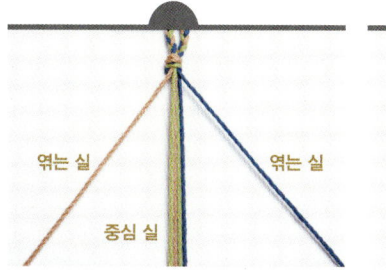
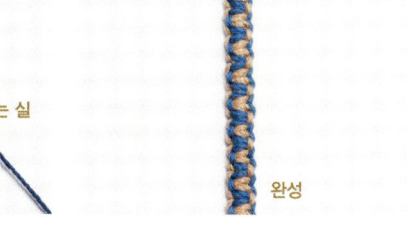

※ 엮는 실과 중심 실은 매듭법에 따라 중간에 바뀔 수도 있다.

(2) 매듭 팔찌의 종류

팔찌를 착용하는 방법에 따라 다음 3가지로 나뉜다.

① 양쪽을 묶어서 착용하는 팔찌

② 고리를 만들어 착용하는 팔찌

실을 반으로 접어 고리를 만들고 시작한다. A는 나무볼을 고리에 끼워 착용하고, B는 끝 부분에 있는 매듭 실 1가닥을 고리에 넣고 다른 매듭 실과 묶어서 착용한다.

③ 길이를 조절할 수 있는 팔찌

실을 가지런히 모으고 한쪽 끝에서부터 반대쪽 끝까지 매듭을 짓는다.

길이를 조절하기 위한 여분의 실을 남기고 한쪽 끝에서부터 반대쪽 끝까지 매듭을 짓는다. 그리고 길이 조절 부분을 만들어준다.

(3) 고리 만들기

1) 3줄땋기와 한매듭으로 고리 만들기

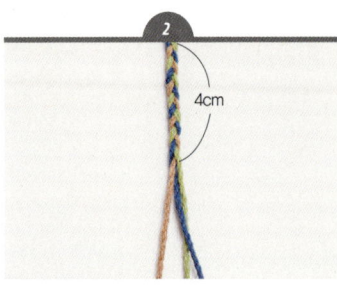

실을 가지런히 모아두고, 실의 중간 지점을 테이프나 집게로 고정해 놓는다.

※ 팔찌에 따라 고정해 놓는 부분이 달라질 수 있다.

4cm 정도 **3줄땋기**를 한다.

※ 팔찌에 따라 고정해 놓는 부분이 달라질 수 있다.
※ 마감 장식에 따라 3줄땋는 길이를 조절한다.

3줄땋기 한 부분을 반으로 접고 **한매듭**으로 묶는다.

※ 3줄땋기 대신 좌우엮기를 해도 된다.

2) 3줄땋기와 평매듭으로 고리 만들기

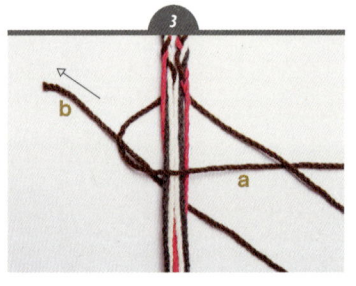

1번의 **3줄땋기** 하는 과정까지는 **똑같이** 하고, 집게로 고정해 놓는다.

반으로 접고 2줄의 실을 골라 **양쪽**으로 배치한다.

a를 중심 실 **위**에 놓는다. **b**를 **a** 위에서 중심 실 **아래쪽**으로 통과시켜 다시 **a**의 고리 **위**로 꺼낸다.

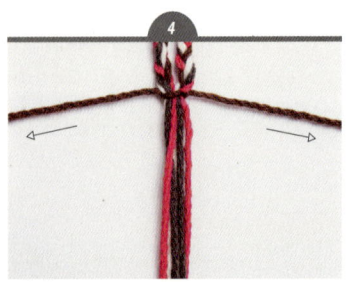

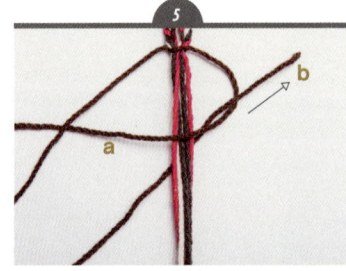

b와 **a**를 **양쪽**으로 잡아당긴다.

오른쪽으로 옮겨진 **a**를 중심 실 **위**에 놓는다. **b**를 **a** 위에서 중심 실 **아래쪽**으로 통과시켜 다시 **a**의 고리 **위**로 꺼낸다.

a와 **b**를 **양쪽**으로 잡아당긴다.

※ 과정3~과정6까지 평매듭 1세트.

(1) 한매듭

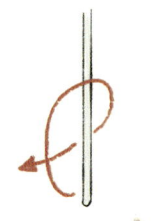 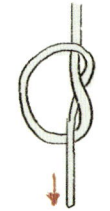 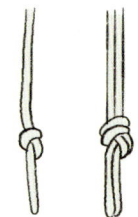

① 실을 화살표 방향으로 돌린다.   ② 끝을 잡아당긴다.   ③ 여러 줄일 때도 같은 방법으로 묶는다.

(2) 좌우엮기

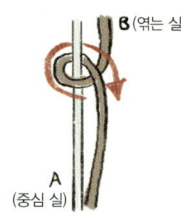 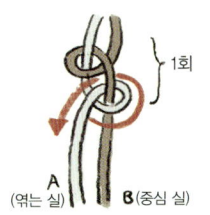 

① A를 중심 실로 하고 엮는실 B를 감는다.   ② 이번에는 B를 중심 실로 하고 엮는 실 A를 감는다.   ③ 과정1~과정2(좌우엮기 1세트)를 반복한다.

(3) 평매듭

왼쪽 평매듭

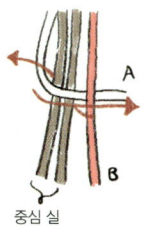 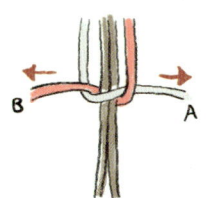 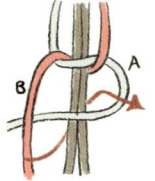 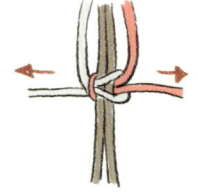

① 중심 실 위로 A를 올리고, B를 A 위에 놓는다.

② B를 중심 실 아래로 통과시켜 A의 고리 위로 꺼내서 B와 A를 양옆으로 잡아당겨서 조인다.

③ 오른쪽으로 옮겨진 A를 중심 실 위로 올리고, 그 위에 B를 놓는다. 다시 A를 중심 실 아래로 통과시켜 A의 고리 위로 꺼낸다.

④ 실을 양옆으로 잡아당겨서 조인다. 양쪽으로 1번씩 만들어야 평매듭 1세트가 된다.
※ 오른쪽 평매듭은 왼쪽 평매듭에서 중심 실 위에 놓는 A, B의 순서를 바꾸면 된다. 첫 번째 매듭에서는 둘의 차이가 확연하지만 매듭을 계속 반복하면 같은 모양이 된다.

(4) 왼쪽 평돌기

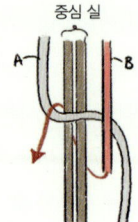

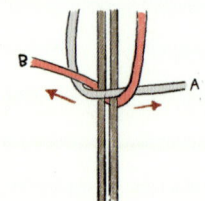

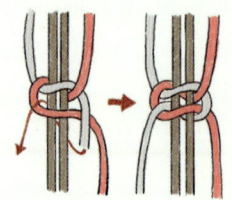

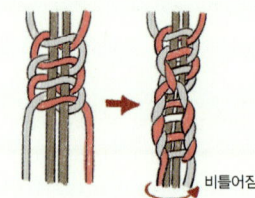

① 엮는 실 A를 중심 실 위로 올리고, 그 위에 엮는 실 B를 놓는다. B를 중심 실 아래로 통과시켜 A의 고리 위로 빼낸다.

② B와 A를 양쪽으로 잡아당겨서 조인다.

③ 과정1~과정2를 반복한다. 여기까지 평돌기 1세트.

④ 좌우로 실을 바꿔가며 매듭을 짓다가 중심 실을 잡고 매듭을 위로 밀어 올린다. 매듭의 모양이 나선 모양으로 비틀어진다.

(5) 오른쪽 평돌기

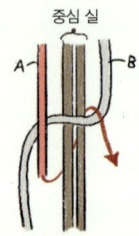

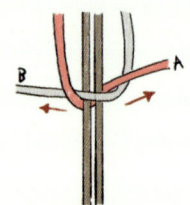

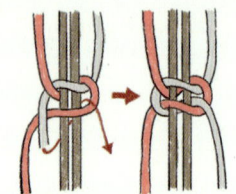

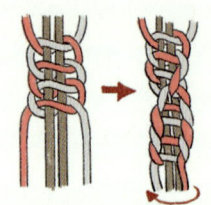

① 엮는 실 B를 중심 실 위로 올리고, 그 위에 엮는 실 A를 놓는다. A를 중심 실 아래로 통과시켜 B의 고리 위로 빼낸다.

② B와 A를 양쪽으로 잡아당겨서 조인다.

③ 과정1~과정2를 반복한다. 여기까지 평돌기 1세트.

④ 좌우로 실을 바꿔가며 매듭을 짓다가 중심 실을 잡고 매듭을 위로 밀어 올린다. 매듭의 모양이 나선 모양으로 비틀어진다.

(6) 왼쪽 레이스엮기

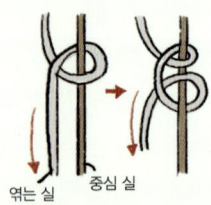

① 중심 실 왼쪽에 엮는 실을 놓는다. 엮는 실을 중심 실 위에서 아래로 1번, 아래에서 위로 1번 감는다.

② 실을 잡아당겨서 조인다. 여기까지 왼쪽 레이스엮기 1세트.

(7) 오른쪽 레이스엮기

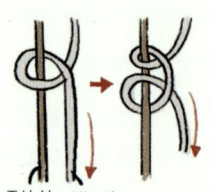

① 엮는 실을 중심 실의 오른쪽에 높는다. 엮는 실을 중심 실 위에서 아래로 1번, 아래에서 위로 1번 감는다.

② 실을 잡아당겨서 조인다. 여기가지 오른쪽 레이스엮기 1세트.

(8) 3줄땋기

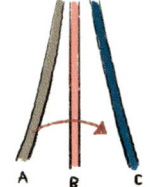 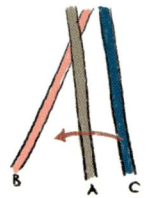 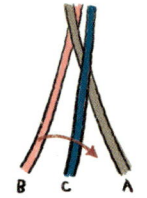 

① 실 3줄을 나란히 놓는다. A를 B 위로 올린다.

② C를 A 위로 올린다.

③ 과정1~과정2의 순서대로 실을 반복하여 교차시킨다.

④ 틈이 생기지 않도록 단단하게 잡아당기면서 땋는다.

(9) 칠보매듭

  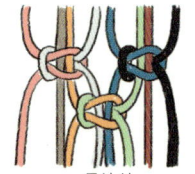 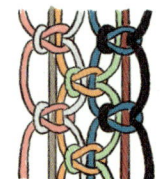

① 실 8줄을 나란히 놓는다.

② 4줄씩 묶어주는데, 가운데 2줄을 중심 실로 하고 왼쪽 평매듭(149p 참조)을 1세트씩 한다.

③ 두 묶음을 연결하는데, 그림을 참고해서 두 매듭과 일정한 간격을 두고 왼쪽 평매듭을 1세트 한다.

④ 같은 방법으로 그림을 참고해 평매듭을 반복한다.

(10) 4줄엮기

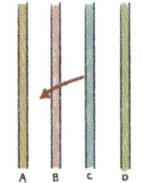 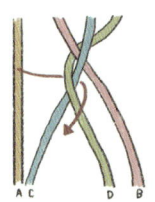 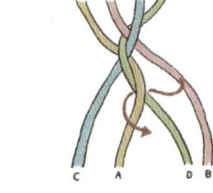 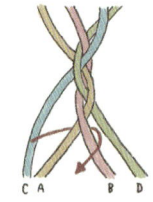

① 끈 4줄을 나란히 놓는다. C를 B 위로 놓는다.

② D를 B, C의 아래로 통과시키고 위에서 C, B의 사이로 넣는다.

③ A를 C, D의 아래로 통과시키고 위에서 C, D의 사이로 넣는다.

④ B를 D, A의 아래로 통과시키고 위에서 A, D의 사이로 넣는다.

⑤ 3, 4의 순서대로 반복하고, 풀어지지 않도록 잡아당기면서 끈다.

(11) 오른쪽 말아엮기

중심 실

① A를 중심 실 아래로 놓는다.
A를 중심 실의 위에서 아래
로 한 바퀴 감아 왼쪽으로 빼
낸다.

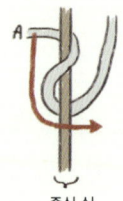

중심 실

② 이번에도 A를 중심 실
위로 놓는다.

중심 실

③ A를 중심 실 아래에서
A의 위로 빼낸다.

중심 실

④ 잡아당긴다.

(12) 왼쪽 말아엮기

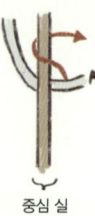

중심 실

① A를 중심 실 아래로 놓는다.
A를 중심 실의 위에서 아래
로 한 바퀴 감아 오른쪽으로
빼낸다.

중심 실

② A를 중심 실 위로 놓는다.

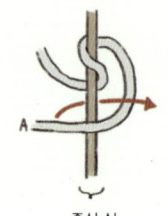

중심 실

③ A를 중심 실 아래에서
A의 위로 빼낸다.

중심 실

④ 잡아당긴다.